高等职业教育“十四五”规划教材

家庭农场经营与管理

彭　静　主编

中国农业大学出版社
·北京·

内容简介

本教材编写内容围绕家庭农场经营管理的核心理论与实践知识而设置，设计了三个项目，分别是认识家庭农场、家庭农场的相关政策和家庭农场的经营与管理，在此基础上又设计了十二个典型工作任务。同时，穿插对比介绍了其他农业新型经营主体的管理模式，集理论性、实践性、管理性于一体，通过本教材的学习，读者能够系统掌握家庭农场的内涵、相关政策、经营管理等方面的知识。教材中丰富的实践案例能为从事农业经济管理工作的人员奠定理论基础并增强实践操作的能力。本教材浅显易懂、操作性强，是针对农业类院校农业经济管理专业、休闲农业专业、农业畜牧专业等在校学生，以及家庭农场主、农业经理人、农村农经管理工作者编制的学习、培训教材。本教材涵盖内容广泛，具有较强的系统性和完整性，有利于读者进行系统学习。

图书在版编目(CIP)数据

家庭农场经营与管理 / 彭静主编. —北京：中国农业大学出版社，2020.8(2025.8 重印)
ISBN 978-7-5655-2415-8

Ⅰ.①家… Ⅱ.①彭… Ⅲ.①家庭农场-农场管理-教材 Ⅳ.①F324.1

中国版本图书馆 CIP 数据核字(2020)第 149688 号

书　　名　家庭农场经营与管理
作　　者　彭　静　主编

策划编辑　康昊婷　　**责任编辑**　郭建鑫
封面设计　郑　川　李尘工作室
出版发行　中国农业大学出版社
社　　址　北京市海淀区圆明园西路 2 号　　**邮政编码**　100193
电　　话　发行部 010-62733489，1190　　读者服务部 010-62732336
编辑部 010-62732617，2618　　出　版　部 010-62733440
网　　址　http://www.caupress.cn　　**E-mail**　cbsszs @ cau.edu.cn
经　　销　新华书店
印　　刷　北京溢漾印刷有限公司
版　　次　2020 年 8 月第 1 版　　2025 年 8 月第 3 次印刷
规　　格　185 mm×260 mm　　16 开本　　9.5 印张　　230 千字
定　　价　29.00 元

编写人员

主　编　彭　静

副主编　应苗红　王瑾瑜

参　编　张迪雅　张学智　潘本蓉
王允芬　周　静

前　言

党的二十大报告指出必须坚持在发展中保障和改善民生，鼓励共同奋斗创造美好生活，不断实现人民对美好生活的向往。家庭农场是近些年我国农业生产经营中出现的一种新型经营主体，它以农户家庭为基本生产单位，通过增加技术、资本等要素投入，实行农业专业化生产和规模化经营，以提高农业产出率和农产品商品率，提高农业生产机械化和农业经营集约化水平。截至 2019 年，全国家庭农场数量超过了 70 万家。家庭农场这些年一直是农业领域的一个热点，也将是国家培育和发展农业的重点，那么如何更好地经营和管理家庭农场、实现农民增收致富呢？基于上述背景，编者围绕并结合农业经济管理专业国家资源库中的家庭农场经营管理课程设计了本教材，本教材是服务“三农”、振兴乡村、服务农业经济管理的专业建设成果之一，同时也是成都农业科技职业学院家庭农场经营管理在线开放课程的建设成果之一。

本教材在编写过程中参考了国家相关政策文件、国家职业技能标准等资料，并结合了以成都地区为代表的多家家庭农场的实地调研成果。本教材围绕如何更好地进行家庭农场经营管理设置编写内容，讲述相关核心理论与实践知识。全书共设计了三个项目，分别是认识家庭农场、家庭农场的相关政策和家庭农场的经营与管理，并在此基础设计了十二个典型工作任务，穿插家庭农场与其他农业新型经营主体的管理模式的比较分析，集理论性、实践性、管理性于一体。通过本教材的学习，读者能够系统地掌握家庭农场的内涵、相关政策、经营管理等方面的知识，奠定理论基础，并通过丰富的实践案例增强实践操作的能力。

本教材浅显易懂、操作性强，是针对农业类院校农业经济管理、休闲农业、农业畜牧等专业在校学生，以及家庭农场主、农业经理人、农村农经管理工作者编制的学习、培训教材。

本教材由成都农业科技职业学院彭静担任主编，负责统筹全书的编写、修改和定稿工作。彭静、周静编写了项目一，应苗红、张迪雅编写了项目二，王瑾瑜、张学智、潘本蓉、王允芬编写了项目三。本教材在编写过程中还得到了蒲江、邛崃、崇州、大邑等地多家家庭农场的支持，提供了相应的素材和资料。

教材编写过程中引用了大量文献资料，在此向有关作者致以诚挚谢意。由于作者学识、时间、精力所限，书中难免有疏漏之处，请广大读者多提宝贵意见，以便再版时修订完善。

编　者

2023 年 6 月

目 录

项目一

认识家庭农场

任务一　家庭农场的界定
任务二　家庭农场的发展现状和不足
任务三　家庭农场的发展前景

任务一　家庭农场的界定

一、家庭农场的内涵

《论语·子路》中说："名不正则言不顺，言不顺则事不成"，就是指名分不正或名不副实，说起话来就不顺当合理，说话不顺当合理，事情就办不成。因此，要做好家庭农场，界定家庭农场的内涵非常重要，因为这涉及后续申报创建、政策扶持、享受优惠、经营管理模式等各种相关问题。

世界各地都有家庭农场，但在不同国家其内涵也不相同。俄罗斯《家庭农场法》规定，家庭农场是享有法人权利的独立生产经营主体，它可由农民个人及家庭成员组成，并在土地和资产的基础上进行农业生产、加工和销售。根据美国农业部的定义，一个家庭农场应该满足5个条件：一是生产一定数量用于出售的农产品，才可以被认为是一个农场而不仅仅是一个乡下住户；二是有足够的收入(包括非农收入)维持家庭农场的运营、支付债务、保持所有物；三是农场主自行管理农场；四是由农场主及其家庭提供足够的劳动力；五是可以在农忙时使用季节农工，也可以雇用少量的长期农工。日本虽然没有关于家庭农场的明确规定，但是，其关于农户与经营体的划分，尤其是关于"销售农户"和"家庭经营体"的划分，可以帮助我们理解日本的家庭农场。"农业经营体"指直接或接受委托从事农业生产与农业服务，且经营面积达到一定规模的农业经济组织。根据组织属性，农业经营体可分为"家庭经营体"和"组织经营体"。日本的"家庭经营体"的概念与我们所讲的家庭农场比较接近。

在中国，家庭农场一词在2008年首次写入中央文件，党的十七届三中全会提出："有条件的地方可以发展专业大户、家庭农场、农民专业合作社等规模经营主体"，并提出要实现"两个转变"。一是家庭经营要向采取先进科技和生产手段的方向转变；二是统一经营要向发展农户联合与合作，形成多元化、多层次、多形式经营服务体系的方向转变。2013年中央一号文件进一步把家庭农场明确为新型农业经营主体的重要形式，鼓励和支持土地流入，加大奖励和培训力度等措施，扶持家庭农场发展。农业农村部则对家庭农场的内涵做了界定，"家庭农场是指以家庭成员为主要劳动力，从事农业规模化、集约化、商品化生产经营，并以农业为主要收入来源的新型农业经营主体"。我国的专家学者也对家庭农场的内涵进行了概括和归纳，大部分的中国学者认为，"家庭农场是以农户家庭为基本组织单位，是一个面向市场，以利润最大化为目标，从事适度规模的农林牧副渔的生产、加工和销售，实行自主经营、自我积累、自我发展、自负盈亏和科学管理的企业化经济实体"。

二、家庭农场的特征

家庭农场的最大特点在于既保留了农户经营农业的优势，符合农业生产特点的要求，同时又可以克服小农户的弊端，是新型职业农民培育的必要条件和现代农业组织的基础。归纳家庭农场的优势，可以从很多方面去阐述。事实证明，工商资本在农业领域发挥作用的空间是有限的,一般局限在加工和流通过程,因为工商资本承包土地代替农户经营面临诸多风险,并不存在所谓“规模效应”或“提高抗风险的能力”。农业的农户经营形式是不可替代的,未来农业组织最基本的形式应该是在坚持家庭经营的基础上发展一定规模的家庭农场。在实践中不要把家庭农场神秘化或标准化,家庭农场无论是规模还是经营方式都应该是多样化的。

例如,广东一个专业化养猪场只需要两三亩(1 亩≈667 平方米)地,年养猪出栏可达 2 000 只,除了一对夫妻,再请两个帮工,农场就可以正常运转,每年产值 120 万元,纯收入可达 8 万元;山东栖霞,一对夫妻全部精力都用在果园上,最多能经营 30 亩规模,每年产值达 80 万元,纯收入 10 万多元,可以注册为家庭农场;黑龙江的农民开着拖拉机,每个劳动力可以种 150 多亩地,一户如果有 3 个劳动力,这个家庭农场的规模可达 500 亩,每年产值 100 万元,纯收入也可达 10 万元。

家庭农场的类型可以是专业农场,也可以是综合农场。通过建立综合农场,可以解决农业劳动力时间分配不均匀的问题,为稳定就业提供保障。家庭农场多样化经营,也有助于避免受制于自然影响和克服传统小农经济的单一性、脆弱性的缺陷。综上所述,家庭农场的特征主要有以下五个方面。

(一)家庭经营

家庭农场具有投资、消费、储蓄和获取收益等内在特征,其行为目标是家庭及其成员的效用最大化。家庭农场应该登记注册,主动纳入国家农业宏观管理体系,相对于专业大户、合作社和龙头企业等其他新型经营主体,家庭农场最鲜明的特征是以家庭成员为主要劳动力,家庭农场的经营者是农户家庭,以家庭为基本核算单位。家庭农场生产作业、要素投入、产品销售、成本核算、收益分配等环节,都以家庭为基本单位,体现了家庭经营产权清晰、目标一致、决策迅速、劳动力成本低等诸多优势。除季节性、临时性短期聘用劳动力外,不常年雇用外来劳动力从事家庭农场的生产经营活动。

(二)以适度规模经营为基础

家庭农场的强大生命力在于牢牢把握“适度”,家庭农场的土地规模要与经营者的劳动生产能力相适应,确立适宜的土地经营规模。随着农业生产力水平的进一步提高、农业劳动力的进一步转移,可逐步调整经营规模。

(三)以农业为主

家庭成员的主要职业是农民,家庭主要收入来源于农业。农业成为“体面的职业”,从事农业同样可以获得丰厚的收入,过上舒适的生活,家庭成员可能会在农闲时外出打工,但其主要劳动场所仍在农场,以农业生产经营为主要收入来源。这使其区别于以非农收入为主的兼职农户,并成为新时期职业农民的主要构成部分。

(四)专业化、商品化生产

家庭农场以提供商品性农产品为目的开展专业化生产。与小规模农户相比,家庭农场规模适度,通过专业化生产、集约化经营可以充分发挥适度规模效应和家庭经营优势,有效提高劳动生产率、土地生产率和资源利用率。家庭农场的专业化生产程度和农产品商品率较高，主要从事种植业、养殖业生产，实行一业为主或种养结合的农业生产模式，满足市场需求、获得市场认可，是其生存和发展的基础。家庭农场与自给型小规模农户的不同之处在于，家庭农场以获取最大化经济利益为目标，为实现这一目标，家庭农场必须摸索在市场经济条件下如何优化资源配置(图 1-1)。

图 1-1　专业化家庭农场

(五)独立的市场主体

家庭农场如果缺乏有效的农业社会化服务体系的支撑将难以健康发展，也难以成为真正意义上的新型农业经营主体。比如在美国，由农场主家庭管理局、农场合作局、商业信贷公司、农场主合作社等构成的农业社会化服务体系保证了家庭农场成为真正意义上的新型农业经营主体。

由于具备了以上特征，家庭农场就如同多数小型企业一样，在新的产业体系中承受着巨大的压力，特别是在农资的购买、信息的获得、产品的营销、规模经济和资本的筹集等方面压力更大。家庭农场面临的形势使得世界上一些具有超前意识的农场主做出了相应的反应。为最大限度地获得成功，他们以新的、重新组合的要素形成 21 世纪的农业企业制度，同传统的家庭农场相比，21 世纪的家庭农场应该具备这些特征：在信息管理方面发挥更大的作用；进行更多的研究，尤其是有助于预测技术方面的研究；农业企业组织形式上的创新，包括租赁、企业联合组织以及非农企业与农业企业的联合经营；注重为即将发生的变化制订计划；在会计记录、财务控制、风险管理以及人力资源管理方面改善企业管理；加强农业企业与供应环节的联系、联合与合作，包括家庭农场成员在农场外部的公司企业工作；在以市场为导向的机制下将环境保护、生产过程和产品营销结合起来，实现“从农场到餐桌”的完整的农业产业化体系。

三、家庭农场与其他经营主体的区别

(一)家庭农场与专业大户的区别

从农业经营方式看，家庭农场和专业大户是有很大区别的。家庭农场一般都是独立的农业法人，土地经营规模适度，土地承包关系稳定，生产集约化、农产品商品化和经营管理水平较高，主要以家庭成员为劳动力从事生产经营，不存在常年雇工经营。

家庭农场涵盖的经营者身份较为清晰，即为农业家庭成员。专业大户涵盖运销大户、农机大户等，而家庭农场生产经营领域较为明确，即为种养业。专业大户对雇工多少没有限制，有的大户自己不种地，生产过程依靠雇工，而家庭农场则以家庭成员为主，雇工为辅。专业大户主要从事某一行业、某一环节的专业经营，而家庭农场更多实行农业综合经营、种养结合，因此在一些劳动力文化程度较高，第二、第三产业发达的地方，可以考虑更多地把发展农场作为主要方向。

总之，专业大户应该是家庭农场的初级版，即通过流转他人土地从事种植、养殖业的农民，家庭农场是专业大户的升级版，其具有更大的规模、具有一定的自有资本、具有一定的经营管理能力和生产创新能力。家庭农场以家庭成员为主要劳动力，以农业收入作为主要收入来源，进行规模化生产。家庭农场不仅仅是生产经营主体比如专业大户的发展结果，更是一种制度层面的创新，是土地实施统一流转、整体规划后出现的一种新的农业生产经营制度。其既是对家庭联产承包责任制这种基本经营制度的完善，又是对整个家庭联产承包责任制的一种制度创新。

(二)家庭农场与公司制农场的区别

家庭农场和公司制农场的区别类似于日本的“农业经营体”中“家庭经营体”和“组织经营体”的区别。这里的公司制农场，主要指的是农垦系统自办的农场、国有农场(图 1-2)或者私人资本通过租赁土地、雇用工人并采取公司制经营的农业企业。家庭农场与公司制农场的主要区别如下：

图 1-2　海南省国营东昌农场

第一，家庭农场经营者拥有自己的土地承包权，在经营过程中为了扩大规模才需要采取其他形式进行土地流转，而公司制农场除农垦系统的农场企业外，所经营的土地完全靠租赁农户土地获得。

第二，从资本角度来说，公司制农场或者农业企业是以营利为目的的经济组织，主要靠外投资本，具有明晰的资本收益率。与之相对，普通农户是一个生产与消费相结合的经营单位，其生产主要以自有资本为主，以生计成本来衡量效益，而不是资本收益率。而家庭农场则需要外投资本与自有资本相结合，资本收益率更接近于农业企业。

第三，从劳动要素角度来说，除一些农户联合经营组成的合伙企业之外，公司制农场或者农业企业的劳动要素主要依靠雇用劳动力，而普通农户的劳动要素主要依靠自有劳动力，偶有邻里间基于互助关系的换工。家庭农场的劳动要素则同时来源于自有劳动力与雇用劳动力，但是以家庭自有劳动力为主，雇用劳动力为辅，依靠家庭劳动力就能够基本完成经营管理。

第四，从经营者的劳动性质来看，农业企业的经营者更多地表现出企业家才能，以管理性劳动为主。而普通农户主要以生产性劳动为主，老百姓常说“打铁的要自己把钳，种田的要自己下田”，就是说农业生产主要靠自己。家庭农场主处于一种过渡形态，家庭内的户主一般是以生产性劳动与管理性劳动相结合，二者之间的比例会根据经营规模与经营项目不同而变化。“家有千口，主事一人”，特别是涉及农时、种植品种、市场交易，需要一个熟悉家庭农场生产经营情况，同时能够和市场打交道的管理者、户主，家庭农场的主要成员就是要成为这样的管理者和决策者。

第五，在经营过程中，农业企业的生产规模比家庭农场要大得多，生产经营成本比较高，会采用先进的农业生产技术，机械化水平高，农产品销售以直接销售为主。而家庭农场生产主要依靠家庭成员劳动力，劳动者是适龄农业劳动者，生产规模适中，农场收入略微高于城市白领阶层。家庭农场也采用高效率的机械和农业生产技术，农产品销售依靠农场合作组织。

(三)家庭农场与农户家庭经营的区别

家庭农场与农户家庭两者都是家庭经营，不同的是，农户家庭经营的特征首先是规避风险，其次是增加收益。农户家庭经营往往是一种“既种麦，又种棉”的兼业型经营，生产主要依靠自家劳动力，以老年人和妇女劳动为主。家庭农场是在家庭承包经营基础上发展而来的，它既保留了家庭承包经营的传统优势，同时又吸纳了现代农业要素，比如，更加重视市场营销的策划与实施，更加重视签订长期的合同，更加重视内部的经营管理等。

第一，与农户相比，家庭农场不仅仅为了家庭而生产，主要是为了市场而生产。种植什么、种植多少、怎样种植，要靠市场说了算。家庭农场作为一个以营利为根本目的的经济组织，经营要遵从“面向消费者、面向市场、面向未来”的“三个面向”，更加突出标准化、商品化、市场化，更加突出盈利的可持续性。

第二，家庭农场强调规模化经营。普通农户家庭的生产规模小，来自农业生产的收入低，需要有家庭成员外出打工加以补贴，机械化水平不高，农业生产技术较落后，农产品出售主要依靠传统市场和模式。因此家庭农场必须达到一定规模，才能够融合现代农业生产要素，其具备产业化经营的特征，受资源供给能力、经营管理能力和风险防范能力的限制，使得经营规模必须处在可控的范围内，不能太少也不能太多，表现出适度规模性。因此，家庭农场要实现其价值，必须要建立土地流转的环境，结束土地分散的生产状态，才能建立适度规模经营的组织形式。

第三，家庭农场采取的经营管理方式是企业化管理。普通农户照顾好自己的“一亩三分地”就可以了，一般不考虑扩大规模、拓展市场的问题。而家庭农场是经过登记注册的法人组织，农场主首先是农业领域的经营管理者，具有协调与管理农场外部资源的能力，其次才是家庭农场的生产劳动者。

(四)家庭农场与农民专业合作社的区别

农民专业合作社是我国特有的合作社的一种。农民专业合作社是在农村家庭承包经营基础上，通过提供农产品的销售、加工、运输、贮藏以及与农业生产经营有关的技术、信息等服务来实现成员互助目的的组织。这个定义包括两个方面的内容：一方面，从概念上规定了合作社的定义；另一方面，从服务对象上规定了合作社的定义，即农民专业合作社以其成员为主要服务对象，提供农业生产资料的购买，农产品的销售、加工、运输、贮藏以及与农业生产经营有关的技术、信息等服务。

家庭农场与农民专业合作社的区别如下：

第一，目的不同。农户为自己致富而办家庭农场。以农民（农户）为主体，以家庭农场、企业、社团组织等其他法人共同参与的合作社是以服务成员为宗旨，不以营利为目的。

第二，法人类型不同。家庭农场是独资市场主体，而农民专业合作社是合作性质的市场主体。

第三，决策机制不同。家庭农场的经营决策由经营者自己做主。农民专业合作社实行民主管理、民主决策；出资额或者与合作社交易量（额）较大的成员按照章程规定，可以享有附加表决权，附加表决权总票数不得超过合作社成员基本表决权总票数的20%。享有附加表决权的成员及其享有的附加表决权数，应当在每次成员大会召开时告知出席会议的成员。合作社章程还可以限制附加表决权行使的范围。

第四，利益分配不同。家庭农场的收益是家庭的主要收入来源。合作社的收益在弥补亏损、提取公积金、公益金、风险发展基金后作为合作社的可分配盈余，这个可分配盈余的60%要按照交易量（额）返还给社员。

第五，对所负债务承担的责任不同。家庭农场虽有名义注册资本，但对所负的债务则不以投入经营的财产为限，而是以家庭共同所有的财产承担民事责任。农民专业合作社用以对外承担责任的独立财产，包括成员的出资、公共积累、政府扶持的资金和社会捐助。农民专业合作社成员只以其账户内记载的出资额和公积金份额为限，对农民专业合作社承担责任。也就是说，除了成员账户内记载的出资额和公积金份额外，成员不再对合作社债务承担其他的清偿责任。

四、案例与知识链接

成都市关于加快推进家庭农场发展的指导意见

2014年2月25日，发布《成都市人民政府办公厅关于加快推进家庭农场发展的指导意见》（成办发〔2014〕8号），包括确定认定条件和登记办法，明确发展目标和任务，开展示范家庭农场评定，创新农村土地经营权流转机制，健全财政扶持支持政策，创新金融保险和税收服务等方面的内容。家庭农场是在家庭承包经营的基础上，以家庭为基本经营单位，以家庭成员为主要劳动力，从事农业规模化经营、集约化生产、市场化营销的新型农业经营主体。加快发展家庭农场，是创新农业经营体制机制的重要举措，是转变农业发展方式、推进都市现代农业发展、实现农业增效和农民增收的重要抓手，对于培育新型职业农民、增强农村发展活力、加快新农村建设、推进新型城镇化等具有重要意义。为加快推进家庭农场发展，结合成都市实际，提出如下指导意见。

（1）确定认定条件和登记办法　符合以下条件的家庭农场，在依法申请工商注册登记后，纳入农业部门认定范围：一是以家庭为基本经营单位、以家庭成员为出资主体并承担责任；二是从事农业经营并具有适度规模的种植、养殖场所，有连续5年及以上的农村土地经营权。

(2)明确发展目标和任务　加快培育一批生产管理规范、规模经营效益好、带动能力强的家庭农场。2014 年,全市力争新发展家庭农场 150 家以上,培育市级示范家庭农场 50 家;到 2017 年,全市家庭农场发展到 1 500 家以上,培育市级以上示范家庭农场 200 家以上。

(3)开展示范家庭农场评定　示范家庭农场应当具备已工商注册登记、经营规模适度、生产技术先进、经济效益突出、财务收支记录规范、示范带动作用好等条件,体现主体职业化、管理规范化、生产标准化、营销市场化的要求。市农委要制定市级示范家庭农场评定管理办法,健全和完善示范家庭农场动态管理机制,每年评定一批市级示范家庭农场并授牌宣传,充分发挥其典型示范和带动作用。同时要加强监测核查,对经查实发生农产品质量安全事故、破坏耕地、偷漏税等违法生产经营行为的,要收回授牌,取消示范资格。

(4)创新农村土地经营权流转机制　按照"依法、自愿、有偿"原则和"不得改变土地集体所有性质、不得改变土地用途、不得损害农民土地承包权益"的要求,采取出租、转让、股份合作、信托、托管服务等多种方式,促进连片农村土地经营权向家庭农场流转。稳定农村土地承包关系,推进农村土地所有权、承包权和经营权分置,健全农村土地经营权证制度,为符合条件的家庭农场核发《农村土地经营权证》,切实保护好家庭农场的农村土地经营权。

(5)完善社会化专业化服务　充分发挥区域性农业综合服务机构的作用,加强农业技术推广机构与家庭农场的对接服务,建立区(市)县农技、农机技术人员联系家庭农场制度,引导农机、植保、劳务专业合作组织为家庭农场提供农机作业、病虫统防、劳务等服务,鼓励家庭农场应用农业新品种、新技术和新模式,创建特色品牌,实施标准化生产。引导各类农民合作社、农业产业化龙头企业、农产品市场、农业职业经理人与家庭农场建立利益联结机制,发挥带动作用,构建"合作社+家庭农场""农业龙头企业+家庭农场""农产品市场+家庭农场""职业经理人+家庭农场"等多种经营发展模式。鼓励家庭农场实施合作经营、联合经营、托管经营,提升组织化、市场化程度。

(6)加强经营管理人才培训　充分利用各类培训资源,开展对家庭农场经营管理人员、财务人员的职业技能、政策法规知识培训,培养一批有文化、懂技术、善管理、会经营的家庭农场经营者。把家庭农场经营者列为新型职业农民培训的重点对象,并享受农业职业经理人的各项扶持政策。从 2014 年起,全市每年培训家庭农场主、职业经理人 400 人以上,到 2017 年累计培训家庭农场主、职业经理人 1 600 名以上。

鼓励大中专毕业生、复退军人、外出返乡农民以及其他个体工商户、农村经纪人投资创办家庭农场,已进入城镇居住的农户创办家庭农场的,不影响其在城镇已享有的入学、就业、医疗、社保等公共服务。

(7)健全财政扶持支持政策　将家庭农场纳入财政支农政策扶持范围,通过贷款贴息、项目补助、定额奖励等形式,对家庭农场改善生产经营基础设施、添置农业机械、购置加工设备、应用先进实用的新品种新技术、拓展市场营销等进行奖励或补助。从 2014 年起,市级财政每年在支农资金中安排不少于 1 000 万元的资金,专项扶持家庭农场发展,其中,对评定为市级示范家庭农场的,给予不低于 5 万元的一次性奖励。

支持家庭农场承担粮经产业双创双建、粮经产业新村建设成片推进综合示范基地、标准化畜禽养殖小区、测土配方施肥等项目。家庭农场与农业产业化龙头企业、农民合作社可同等享受农业产业化、粮食规模化生产、设施农业发展、“菜篮子”工程建设等扶持政策。

(8)创新金融保险和税收服务　鼓励金融保险机构和市属国有公司为家庭农场提供融资、担保、保险等金融服务，为经工商注册的家庭农场办理农村土地经营权、房屋产权、林权、集体资产股权等权利质押贷款，并给予贷款利率优惠；将家庭农场纳入小额信贷保证保险范围和小微企业融资扶持范围。家庭农场可按规定享受国家对农业生产、加工、流通等的税收优惠政策。

(9)健全管理服务指导机制　各地要把加快推进家庭农场发展作为“三农”工作的重要任务，完善推进机制，确保组织到位、责任到位、措施到位。农业部门要建立完善家庭农场的认定报备和统计制度，健全家庭农场名录库和分类档案，对家庭农场实施动态化、信息化管理，对经营者资格、劳动力结构、收入构成、培训情况、经营规模、农村土地承包经营权流转期限、经营状况、管理水平等进行跟踪检测，建立丧失认定条件的家庭农场的退出机制。工商部门要完善家庭农场登记注册的具体程序规范，并建立与农业部门之间的信息共享机制。

各级科技、财政、国土、商务、金融、税务、保险、电力等部门要认真履行各自对家庭农场的管理、指导和服务职责，加强沟通协作，形成扶持合力，在全社会形成支持促进家庭农场健康发展的良好氛围。

任务二　家庭农场的发展现状和不足

一、国外家庭农场发展的现状

发展现代农业是否有规律可循，答案是肯定的；是否受土地条件限制，答案是否定的。纵观成熟的经济体或发达的工业化和现代化的国家，它们实现农业现代化的主要路径，就是家庭农场组织的制度设计。从家庭农场的存在形式来看，分为大、中、小型家庭农场。其中，美国、加拿大的属于大型家庭农场，法国等欧洲国家的属于中型家庭农场，日本的属于小型家庭农场。下面就北美、欧洲、东亚地区常见的大、中、小三类不同的家庭农场进行阐述。

(一)北美的家庭农场

1.美国的家庭农场

1776 年，美国政府开始考虑建立一种新型农业生产发展的制度和经营组织来发展农业，以取代奴隶种植园的落后生产方式。经过 40 多年的探索，1820 年美国将公有的土地以低价出售给农户，建立家庭农场的经济制度，并把这一制度用于西部开发，推动了美国西部开发的热潮，也吸引了来自国外的移民。1862 年，美国通过了《宅地法》，向真正需要土地的人赠送公有土地，逐渐实现了土地所有权的“私有化”，为家庭农场的成长奠定了制度基础。经过 100 多年的发展，家庭农场经营规模不断扩大，数量不断减少，家庭农场从 1935 年的

691.4万个，到1989年减少为214.3万个。每个农场平均用地从1920年的59.5公顷增至1989年的185公顷。占农场总数25%的家庭农场，生产的农产品占全国总量的85%。这一比例随着时间的推移仍然在上升。在美国的现代农业组织体系中，以家庭农场为主体，约占各类农场总数的87%，合伙农场占10%，公司农场占3%。由于许多合伙农场和公司农场也以家庭农场为依托，因此美国的农场几乎都是家庭农场，可以说美国的农业是在农户家庭经营基础上进行的。以家庭农场为标志的现代农业，只需占总人口3%的农民进行农业生产，产出的粮食等农产品能满足美国近3亿人口的消费需求；还有大量农产品出口至世界各地，其出口量占世界出口总量的一半。

20世纪末，美国家庭农场也像公司农场、农工商企业一样，适应大规模的经营要求，拥有81%的耕地面积、83%的谷物收获量、77%的农场销售额。美国把全国分为10个农业生产区域，每个区域主要生产1～2种农产品，建立和发展生产经营专业化：有的专门种植大田作物，有的专门种植蔬菜或水果，有的专门饲养牲畜或家禽。随着农业服务业的发展，农业产前、产中、产后服务体系日益完善，大大促进了农场生产经营的专业化发展，其中分解出来的一些内容由专门的农业服务机构承担，家庭农场主要集中于土地的产出或养殖业的直接经营管理。美国家庭农场经营模式将家庭农场与农业商品化、机械化、规模化、科学化等现代生产力的因素结合起来，创造出了经济奇迹。

2.加拿大的家庭农场

加拿大是世界上农业最发达、农业竞争力最强的国家之一，以精良的谷类、油籽、蔬菜、精肉和乳制品著称于世界。在加拿大，农业以家庭经营为主，它们也是典型的家庭农场。

目前，加拿大的种植业家庭农场土地经营平均面积达到300公顷，其中，100公顷以下的小农场占农场总数的45%，500公顷以上的大型农场占农场总数的10%。在养殖业中，奶牛养殖平均规模为200～300头。加拿大家庭农场的现代化水平很高，全国平均每个农业劳动力大致配备有两台拖拉机。据悉，加拿大目前已有一些农场实现了智能化，如用机器人挤奶。专业化是现代农业的重要特征。在加拿大，农业的专业化生产分别体现在区域布局的专业化和家庭农场产业分工两个层面。从区域来看，加拿大的主要农产品生产已在全国10个省中形成了不同的区位优势。谷物生产主要集中在阿尔伯塔、萨斯喀彻温和曼尼托巴“草原三省”，中部地区的安大略和魁北克两省则以奶牛、肉牛、鸡、猪等畜牧业和蔬菜、水果等精细农业以及烟草、枫树等特种作物为主。在分工上，加拿大家庭农场主要分为饲畜业农场、谷物农场、农牧业混合农场和特种作物农场四类。饲畜业农场以饲养家畜为主；谷物农场基本上种植小麦、大麦和燕麦等大田作物；农牧业混合农场既种植大田作物，也兼养家畜；特种作物农场主要种植水果、蔬菜和烟草等。

(二)欧洲的家庭农场

1.法国的家庭农场

作为欧盟第一大农业生产国，世界第二大农业和食品出口国，世界食品加工产品第一大出口国的法国，其家庭农场对农业发展功不可没。法国中小农场占很大比重，专业化程度很高，按照经营内容可分为畜牧农场、谷物农场、葡萄农场(图1-3)、水果农场、蔬菜农场等，专业农场大部分经营一种产品，突出产品各自的特点。过去，通常由一个农场完成的全部的生产销售工作，如耕种、田间管理、收获、运输、贮藏、营销等，现在这些工作都由农场以外的企业来承担，使农场由原来的自给性生产转变为商品化生产。

图 1-3 法国家庭农场葡萄园

根据法国农会提供的信息，法国大约有 50 万个家庭农场，农场平均使用劳动力 1.5 人。相比政府和农业部，农会和合作社是更为活跃、有效的组织，它们把单个的农业生产者紧密地联系起来，形成了一个巨大的网络。法国农会主席居伊·瓦瑟尔认为，农民应当成为这个行业的主人，“因为只有他们对土地了解最深，感情最深，是最负责任的管理者”。这些农场在“二战”前就开始实现机械化耕种，“二战”后机械化程度不断提高。20 世纪 50 年代，一个农场只能养活 10 人；而到了 2010 年，同等面积的农场大约可以养活 150 人，效率大大提高。

瓦瑟尔指出，家庭农场有朝着更大规模发展的趋势，整体数量在减少。现代农机价格昂贵，会给家庭农场带来较大的经济压力。通常的做法是几个农场联合，共享农机。家庭农场的发展需要比较稳定的土地所有权关系，这样可以给农民一些长远规划的空间。

农会、银行对农民也有多种扶持。法国对农业的补助直接体现在贷款利率上。近 15 年来，尽管政府对农业的直接投资少了，但是法国农业信贷银行的贷款利息一直在降低，35 岁以下的农业生产者还有机会享受无息贷款。农会还帮助农户建立网站，或者每年定期组织实体农贸市场，帮助农民打通销售渠道。

二十世纪前中期，法国就逐渐把管理农业的权力下放到农民手中。例如，法国农会成立于 20 世纪 20 年代初，是一个代表农民利益、与公共机构进行对话的民间组织。20 世纪 60 年代，农会开始制定农业政策，为农业生产、销售全过程提供咨询和服务等。农会主席等主要成员都是农民，通过选举产生，农会 4 200 名成员遍布全国。

2. 德国的家庭农场

德国家庭农场有以下几个特点。一是家庭农场普遍化。在德国各地，家庭农场是农业的普遍形式，构成了德国农业的实体基础。大型家庭农场，经营土地规模在 100 公顷以上的，全国有 2.93 万个，占德国农业企业总数的 8.29%；中型家庭农场，经营土地规模在 30～100 公顷的，全国有 10.4 万个，占总数的 29.44%；小型家庭农场，经营土地规模在 2～30 公顷的，全国有 21.85 万个，占总数的 61.94%。二是种类多样化。德国家庭农场种类多样，包括粮食种植、生猪饲养、蛋鸡和肉鸡饲养、奶牛和肉牛饲养，以及蔬菜种植、水果种植、葡萄园、花卉种植、苗圃、渔业等不同类型。一个家庭农场从事一项主业，但有相当多的家庭农场同时兼营手工业、修理业、旅游业等其他行业。三是经营企业化。不管是哪种家庭农场，都建立了正规的会计制度，进行经济核算。德国各类家庭农场都配备了专门的电脑和其他信息工具。对于各项采购和投入、各项销售收入和产出等明细都入账记载，以进行企业核算。四是管理现代化。20 世纪 70 年代，德国家庭农场已普遍实现了现代化，其标志是用现代工业装备、用现代科技改造、用现代管理方式管理家庭农场，以及用现代科学文化知识提高农民素质，建立起优质高效的农业生产体系和持续发展的农业生态系统。今天的德国家庭农场，全面实现了机械化、信息化、精准化和知识化。五是发展合作化。德国家庭农场一直积极提高组织化程度，其途径就是发展农民专业合作社。一个半世纪以来，专业合作社坚持“自愿、自主、自治、自助”的方针，坚持“民办、民用、民有、民主”的原则，坚持“统一供应农资、统一机耕、统一防治、统一品牌和统一销售”的服务宗旨。例如，德国通过发展“农机链”，即农机合作社形式，不仅全面提高了农业机械化水平，还有效提高了农机使用效率。如今“农机链”遍布德国。以最大的农业州——巴伐利亚州为例，农机合作社社员的数量超过 10 万，经营全州农田面积的 3/4，在机耕、运输、播种、中耕、施肥、除草、收获、贮藏，以及森林作业等领域，农业机械化发挥着重要作用。

（三）日本的家庭农场

随着工业化的发展，日本的农业人口不断减少，政府把农地改革的重点由所有制转向使用制，在农地小规模家庭占有的基础上发展协作企业，扩大经营规模，鼓励农地所有权和使用权分离。政府鼓励农田租赁和作业委托等形式的协作生产，以避开分散的土地占有权给农业发展带来的障碍，如以土地租佃为中心，促进土地经营权的流动，促进农地的集中连片经营和公用的基础设施建设，以农协为主，帮助核心农户和生产合作组织妥善经营农户出租和委托作业的耕地等。日本在 20 世纪之初就已经有了为数不少的家庭农场（图 1-4）。

图 1-4　日本家庭农场稻田画

由于日本是典型的人多地少的国家，家庭农场的面积不可能很大，家庭农场的规模一般都在 1.5～2 公顷，立足精细农业。从规模上讲，日本家庭农场落后于美国和法国，以小型家庭农场为主，日本政府采取措施购买地主的土地转卖给无地、少地的农户，自耕农在总农户中比重占 88%，拥有耕地面积占 90%，并且把农户土地规模限制 3 公顷以内，此后还用法律形式固定下来。日本政府制定了一系列相关法律，1961 年制定的《农业基本法》，鼓励农业生产的扩大和农业结构的调整。1962 年对该法进行修订，农户土地规模可以超过 3 公顷，前提是只能使用本家庭的劳动力。二十世纪六七十年代，日本政府农地政策的重点由所有制转向使用制度，在农地小规模家庭占有的基础上发展协作企业，扩大经营规模，鼓励流转农地所有权和使用权。日本的家庭农场虽然规模不大，但精细耕作，实行技术密集型的现代农业，强调在有限的土地上生产优质高产的农产品。推动日本小规模家庭农场长期生存发展的重要因素，是日本现代农业选择了以生物技术为主、小型机械化精耕细作的发展道路。日本从 20 世纪 80 年代开始建立无土栽培示范农场等多个试验示范农场，普及农业高新技术，以“有机农业”“绿色农业”等现代高新技术农业模式来缓解人地矛盾。此外，还建立了筑波科学城农村科技开发区，带动周边 600 多个农业改良普及所和农业技术示范区，被称为农业技术的“硅谷”。另外，日本农民合作组织的作用也不容忽视。农协的业务包括农产品销售、生产资料采购、金融服务、保险服务及农业管理等，并且指导农户进行专业化集约经营和生产。

日本政府将农、林、水产领域的扩大出口视作经济复兴战略的三大支柱之一，认为日本不仅要通过国内市场，还应通过国际市场来促进日本农、林、水产业的发展。尤其需要指出的是，总有人提起日本的粮食自给率只有40%的话题，实际上日本的大米自给率为100%，蔬菜自给率也能达到80%。日本政府提出，作为促进经济复苏的发展战略的一环，将进一步强化农业产品出口，使农、林、水产品的需求增加，日本旨在转换农业政策，改变以国内市场为中心的农业政策，逐渐提高海外市场的比重，培育农业成为贸易立国的支柱产业之一。包括扩大农、林、水产品及食品出口，强化日本高级食品材料对中国、印度等国家的出口；强化日本国内对各农户"走出去"(即海外销售)的支援；强化在海外市场的日本农、林、水产品及食品的广告宣传，开设越来越多的日本料理店等。

二、中国家庭农场发展的现状

(一)中国大陆家庭农场发展的现状

我国农业发展经历了一个周期性的循环运动，即从集中到分散，又从分散到集中的螺旋式发展过程。实行家庭联产承包责任制，一方面解决了农民的温饱问题以及农产品供应的长期短缺问题，另一方面也带来了土地规模狭小、分散经营与市场需求之间的矛盾。因此，政府部门通过政策引导，鼓励土地流转。1984 年中央一号文件规定，土地承包期一般应在十五年以上，同时提出鼓励土地逐步向种田能手集中，鼓励无力耕种或转营他业而要求不包或少包土地的，可以将土地交给集体统一安排，也可以经集体同意，由社员自找对象协商转包。1986 年中央一号文件又指出，随着农民向非农产业转移，鼓励耕地向种田能手集中，发展适度规模的种植专业户。2008 年 10 月，党的十七届二中全会再次做出赋予农民更加充分而有保障的土地承包经营权，现有土地承包关系保持稳定并长久不变的决定，并指出，加强土地承包经营权流转管理和服务，建立健全土地承包经营权流转市场，按照依法、自愿、有偿原则，允许农民以转包、出租、互换、转让、股份合作等形式流转土地承包经营权，发展多种形式的适度规模经营。有条件的地方可以发展专业大户、家庭农场、农场合作社流转，发展多种形式的适度规模经营。目前，我国农业将向集约化的适度规模农场发展，这样才能够降低农业生产的经营成本，提高经济效益，推进我国农村社会经济更好更快发展。

我国的家庭农场在江苏南部、上海等经济发达地区已经有一定的发展，东北地区以其耕地面积大的优势在家庭农场的建设方面亦有所进展。

从家庭农场的发展现状来看，广东东莞、浙江宁波、上海松江、湖北武汉、吉林延边、安徽郎溪等地积极培育家庭农场。官方资料显示，到 2014 年，在原农业部确定的 33 个农村土地流转规范化管理和服务试点地区，已有家庭农场 6 670 多个。广东东莞以专业化的家庭养殖农场为主，市场相当明确，就是面向当地和港澳市场。浙江等地发展家庭农场比较注重规范。浙江宁波以外地市场为主导，培育一批生产蔬菜和水果、养殖畜禽的规模大户。规模大户还进行了工商注册登记，成立了公司，采取进一步贴近市场的发展方式。宁波家庭农场达 600 多个，平均年收入包括租金和薪金收入；单个家庭农场面积一般在 3.33 公顷以上；年销售额 50 万元以上的有 355 个；特色一般是雇用工人、有自主商标等。上海松江采取以农户委托村委会流转的方式，将农民手中的耕地流转到村集体。土地流转到村委后，由区政府出面将耕地整治成高标准基本农田，再将耕地发包给承租者。家庭农场数为 1 200 个左右，平均年收入 7 万～10 万元；单个家庭农场面积为 6.67～10 公顷。

截至 2014 年，大陆地区共有符合统计调查条件的家庭农场 87.7 万个，经营面积达到 1.76 亿亩，平均每个家庭农场劳动力 6 人，其中家庭成员 4.33 人、长期雇工 1.68 人。家庭农场以种养业为主，从事种植业的 40.95 万个，占 46.7%；从事养殖业的 39.93 万个，占 45%；种养结合的 5.26 万个，占 6.5%；从事其他产业的 1.56 万个，占 1.8%。家庭农场平均经营规模达到 200.2 亩，是平均经营 7.5 亩的普通农户的近 27 倍。其中，规模在 50 亩以下的48.42 万个，占家庭农场数的 55.2%；50～100 亩有 18.98 万个，占 21.6%；100～150 亩的 17.07 万个，占 19.5%；500～1 000 亩有 1.58 万个，占 1.8%；1 000 亩以上的 1.65 万个，占 1.9%。已被有关部门认定或注册的有 3.32 万个，其中农业部门认定的 1.79 万个、工商注册的 1.53 万个。

（二）中国台湾地区的生态农庄

中国台湾地区除了有现代化的家庭农场外，还有传统与现代结合的家庭生态农庄。台湾的生态农庄有以下鲜明特点：

第一，注重生态，着眼长远。台湾有不少生态农庄建设时的最初目的，是在乡村为农庄所有者营造一个能够亲近自然、亲近田野、远离俗世烦扰、远离现代都市生活的宁静港湾，因此农庄建设不是将经济效益放在第一位，而是将环境的保护与改善、生态功能的恢复放在第一位。在种植或养殖生产过程中，他们基本不施化肥、不打农药，有的甚至连农家肥也不使用。提高产量的主要措施就是靠逐年恢复、改善、培肥地力。其目的一是确保所处生态环境不受外来化学污染；二是确保自己的产品原汁原味、营养、安全、健康。这种经营模式和经营理念使台湾的生态农庄极具生命力。

第二，融入自我，特色鲜明。由于建设的初衷是营造自己理想中的环境与生活，因此台湾的生态农庄在建设与经营过程中都明显融入了独有的思想、创意与追求，具有鲜明的个性特征，给人以深刻的印象。

第三，因地制宜，不断创新。台湾的生态农庄，在建设过程中汲取了道家思想，特别注意发现、挖掘当地特色资源和本地历史文化，讲究因地制宜、顺其自然，而不是墨守成规、复制照搬，更不是依靠人力或者机械的力量去改造自然，根据当地的生态环境、自然禀赋，设计建设方案，有的地方种花、有的地方种草、有的地方搞生态养殖、有的地方加强生态保护，将来供游人参观。在建设上尽量做到就地取材、科学利用、点石成金，用最小的代价发掘、彰显出当地的个性和特色。

第四，做精做透，以质取胜。台湾的生态农庄多以“小而精”取胜。他们不盲目追求农庄的面积、规模，不一定非要种植很多作物，获得多高产量，生产多大批量，但非常注重精细管理、精深加工、融入创意、提升品质。有的产品甚至限量供应，量少质精，坚持以质取胜，以特色取胜。台湾的生态农庄通过深挖特色、扬长避短，有效地避开竞争；通过做精做透、提质增效，实现资源节约、持续发展。这种发展方式，非常值得与台湾情况类似的地区参考和借鉴。

第五，注重口碑，就地销售。台湾的生态农庄规模不大，因此，非常注重产品的“口碑”而不是“品牌”。他们认为，“口碑”比“品牌”更重要，因此他们宁可将更多的精力放在保证产品质量和顾客满意度上。为保证产品安全、营养，他们严格控制化肥、农药、除草剂的使用，宁可增加投入、牺牲产量，也要保证产品质量。为了让游客品尝到口感最佳的产品，台湾很多生态农庄免费对游客开放，目的是吸引游客自己到农庄购买最新鲜、成熟度最适宜的农产品。金杯、银杯不如老百姓的“口碑”，“口碑”不好会毁掉多年积累起来的“品牌”。

第六，强调参与，寓教于乐。台湾的生态农庄不仅设法吸引游客前往观赏、购买产品、享受服务，更注重游客的参与和互动，很多农庄都设有采果区、烤肉区、游戏区、垂钓区、农耕体验区、手工制作区等。游客在农庄服务人员的指导下，可以自己动手享受耕种、管理、采摘、喂养、加工的乐趣，品尝到亲手烤制的地瓜、土鸡等，或者利用农庄提供的材料加工制作各种特色产品。有的农庄还经常举办与农业有关的知识讲座、趣味比赛。许多学校将这些农庄作为户外教学场所，还有不少家庭周末专门到农庄度假。人们在这里不仅可以避开城市的喧嚣，充分地放松身心、亲近大自然，尽情地游玩、休闲、娱乐，还可学到不少在城市里和课堂上学不到的知识。

三、家庭农场发展中存在的不足

(一)土地产权不清晰

从现实看，我国自 1979 年以来的家庭联产承包责任制使农民拥有了自主支配土地的权利，但是其仅拥有土地的使用权。虽然土地承包期一再延长，到目前承诺永久不变，但最终所有权和使用权还是分离的。产权是一组权利，由法律明确界定，包括占有权、使用权、收益权、转让权。家庭农场经营需要有稳定有序的土地产权，然而现有土地流转的授受双方之间容易产生纠纷，转让关系缺乏稳定性，从而导致扩大后的农场规模不稳定。比如，2004 年政府加大农业支持力度和 2008 年全球金融危机导致农民工城市就业困难后，许多弃地农民又要回了转让出去的土地，这导致家庭农场主无法从长远角度对农场进行规划管理，以及长期性地投入资源。

(二)家庭农场主体作用不明

农户对领取家庭农场营业执照不感兴趣，积极性不高。发放家庭农场贷款缺乏主体基础。基层政府或单位对发展家庭农场的重要性缺乏充分认识，对家庭农场作为现代农业发展的重要主体问题不够重视。作为家庭农场潜在发展对象的种养大户普遍缺乏市场意识，往往盲目地跟风生产，对组建规范式的家庭农场经营主体积极性不高。

(三)土地细碎化产生的规模障碍

人多地少是我国的基本国情，人地关系的紧张直接表现为农场规模太小。据测算，1986 年户均耕地 9.2 亩，每户耕地分散为 8.4 块，到 2007 年底，户均耕地下降到 7.4 亩，比 1986 年缩小了 20%，这不仅远低于美国、加拿大和澳大利亚，也低于日本和韩国，远低于单个劳动力所能经营的最适规模(适度规模的确定要同农场的条件、环境，包括农业机械化水平、耕作的管理水平、个人经营能力等联系起来)。虽然不同时期、不同产业和不同地区的适度规模不同，但是考虑到土地产出和劳动力生产率，根据我国上海市、浙江省以及东北地区的试点实验，南方家庭农场应在50亩以下，而北方要在100亩以上，这是现有规模的5～10倍，这单靠农户自发地流转土地需要一个较长时间的过程才能达到。农户对土地流转政策还不够熟悉，怕土地流转会使其失去承包经营权，影响自己的利益。加之农村土地所承担的生存(社会保障)功能胜于生产功能，农村不少农户把“流转”与“失地”相混同，土地宁可粗放经营，甚至撂荒、弃耕，也不愿意流转。特别是近年来，国家实施了一系列支农惠农政策，使不少农户对土地的依赖性增强。因此，家庭农场难以形成一定的规模效应。

(四)家庭农场产品同质化严重

当代农业生产已经脱离了传统的自给自足式的温饱型生产，即使是最小规模的农户经营也被裹挟进入激烈的市场经济竞争体系。由于农户拥有的市场信息资源滞后，从市场上获得的信号也滞后，所能采取的应对措施有限，极易造成“一哄而上，一哄而下”的局面。加上农户的经济规模、科技水平等限制，导致市场屡屡出现农产品价格的暴涨暴跌现象，农户总是很“受伤”。

(五)融资困难重重，缺乏法律支持

家庭农场金融服务产品创新滞后，家庭农场可融资性资产抵押难。家庭农场土地流转缺少法律支持，导致抵押融资难。土地流转作为促进家庭农场发展的重要因素，与家庭农场发展休戚相关。家庭农场拥有的土地为农村耕地，主要通过出租、转包、入股、抵押、担保等多种形式流转而来。在我国现有法律框架下，虽然明确了农村土地承包经营权的物权地位，但也明确规定，耕地、宅基地等集体所有土地的使用权不得抵押，这使得家庭农场的土地房产用于抵押贷款缺乏必要的法律依据。一方面，由于家庭农场在经营初期投入比较集中，资金需求较大，多数农场实力不强，固定资产少；加上会计制度不规范、不充分，缺乏信用记录，金融机构很难用常规方法评估其还款能力；而且大部分投入无法通过资产抵押等方式获取金融机构贷款，很难扩大生产规模和发展设施农业。另一方面，由于农村金融机构服务方式单一、业务品种缺乏、结算手段落后，无法为家庭农场提供方便、快捷的金融服务。

(六)家庭农场抗风险能力较弱

由于农业生产经营风险大，保险赔付率高，商业保险公司开展农业保险的积极性较低，导致农业保险险种较少，且产品设计不够合理，化解风险作用较小。虽然目前开办了政策性农业保险，但主要限于小麦、油菜、能繁母猪等少数险种，且多限于成本补偿，基本没有收益受损补偿。家庭农场抗风险能力普遍较弱，使得家庭农场生存不易，成长、发展更难。

(七)农村“空心化”产生技术和管理障碍

家庭农场作为现代农业的组织模式，需要企业化经营、现代化管理，因此需要一大批懂科学、善经营、会管理的年轻人才成为家庭农场的经营者。我国农民知识水平相对较低，从事农业生产的人力资源不足。2009年，中国农村人口约为7.13亿人，占总人口的53.41%，2008年，对全国农村居民劳动力的调查显示，初中文化程度占52.8%；小学以下占31.4%，其中，6.1%为文盲或半文盲。特别是从事农林牧副渔方面的劳动力文化程度更低，基本为初中及以下文化程度。在我国市场化、工业化与城市化的多重因素驱动下，大量农民外流。

据统计,2011年,我国外出农民工总数突破2.5亿人,全国有40 000万留守老人,不仅形成农村人口"空心化",同时导致了农民老龄化、种田副业化等问题。从事农业的农民由于缺乏文化知识,阻碍了其接受新事物、学习新技术的能力,也使一些高新技术成果难以推广和运用。高素质、高技能劳动力短缺,导致小规模农户向家庭农场升级遭遇营销、会计处理等技能障碍。

四、案例与知识链接

1. 百年欧洲家庭农场,德国农场代代相传的经营

2013年中央一号文件首次使用"家庭农场"概念,释放出我国在农户家庭经营基础上发展家庭农场的政策信号。在国外,家庭农场经营模式早已存在,在发达国家广为流行。欧洲家庭农场都是代代相传的经营,以下介绍一下德国家庭农场的经营故事。

德国位于欧洲中部。德国的地形异常多样,秀丽动人,有连绵起伏的山峦、高原台地、丘陵、山地、湖泊以及辽阔宽广的平原。西尔克·基尔斯腾是位女农场主,有两个儿子马克西和莫利茨。19岁的大儿子马克西正开着拖拉机在田里平整土地。"一是要把冬天集中堆放的牛粪均匀地分散到地里,二是要把土地平整好准备种玉米。"马克西一边娴熟地操作拖拉机,一边给记者介绍。"拖拉机我也能开,哥哥干的活我都会"一旁14岁的弟弟莫利茨说道,"我们都是跟爷爷学的。""没错,两个儿子和他们的爷爷是农场干活的主力,大多数劳动都由他们承担。"基尔斯腾说。她家的农场在德国东部勃兰登堡州,大约有160公顷的耕地,有一半是自己家的,另一半则是租种的。马克西和莫利茨并没有辍学,只是在每天放学后、周末以及假期在农场帮忙。因为全都是机械化作业,所以两位"少年农民"就基本可以管理这么大一个农场的土地。农场还养了75头牛,主要由女主人负责。丈夫有一个工作间,和两名雇员做一些门窗类木工。奶奶则给全家人做饭。"说到底,农机才是干活的主力"基尔斯腾说,"家里有大大小小20多台农机,从播种、翻土、施肥、洒药到收割,各种机械一应俱全。仅拖拉机就有7台,可以牵引不同的耕种设备,在不同规模的农田作业。牛栏里像喂食、挤奶、清扫牛粪这些活,也都是通过机械完成,真正需要人力的工作很少。"

75头牛中有40头奶牛,每天产奶约800升,养牛是农场的主要经济收入。她每年允许销售的牛奶配额为300吨。160公顷的土地中120公顷用于种植牧草养牛,40公顷用于种植玉米、燕麦、黑麦这些粮食作物。粮食的40%也用于喂牛,其余的60%才用于出售。基尔斯腾表示农场的收入完全可以维持家用,"还可以有很多时间跟家人在一起,我很享受这样的生活"。马克西和莫利茨未来都愿意接手家里的农场,继续在家当农民。马克西再过一年就考大学了,他想报考农学专业。弟弟莫利茨则想学机械维修,这样以后可以自己维修农机。"从小在农村长大,喜欢农场的自然环境和动物"莫利茨说,"家里有网络,去最近的城市只有6千米,这里的生活条件不比城里差,环境更好。"哥哥马克西说:"知道要做什么,就不用为未来操心。""我们是现代农民"基尔斯腾骄傲地说。马克西还是当地一支乐队的电子吉他手,经常和乐队去周边城市和柏林演出。经营农场和上大学、做音乐并不冲突,在农场干活还可以给他的音乐创作带来灵感。家

里的农场让朋友们都很羡慕。

柏林洪堡大学农业教授西尔克·许特尔表示,像基尔斯腾这样的家庭农场在德国农业生产中发挥着重要作用。许特尔指出,家庭农场有朝着更大规模发展的趋势,整体数量在减少。现代农机价格昂贵,会给家庭农场带来较大经济压力。通常的做法是几个农场联合,共享农机。

2. 美国家庭农场的经营模式——订单农业

订单农业是农业生产的主要商业模式。根据协议,农产品买方与农民之间建立了农场产品的生产和销售协定。通常,农民同意生产特定数量的农产品,并满足买方的质量标准和交付时间表。反过来,买方承诺经常以预定价格购买产品。在某些情况下,买方还承诺通过提供农业生产材料、场地准备、提供技术咨询以及安排运输和贮存场所来支持生产。

订单农业的类型包括集中模式、核心模式、多元素模式、非正式模式和中介模式。

集中模式:承包公司通过作物生产支持、产品采购、产品加工和包装以及市场开发严格控制作物产品的质量。该模式可用于烟草、棉花、辣椒粉、甘蔗、香蕉、咖啡、茶、可可和橡胶等作物。这可能涉及数十万农民,每个公司的具体业务模式可能有所不同。

核心模式:这是集中模式的变体。生产公司还拥有和管理产品加工厂,这些加工厂通常很大,以保证工厂生产的规模。它主要用于出口作物、新鲜蔬菜和水果。

多样化模式:多样化模式通常涉及政府、法定机构和私营部门与当地农民。该模式可以独立组织,用于信贷、生产、管理、加工和营销。

非正式模式:该模式基本上是由企业家或小公司和农民按季度签署的非正式简单合同。农作物通常只需要在当地市场进行少量的加工、包装和零售,例如蔬菜、西瓜等。其金融投资通常是最小的。这可能是所有模式中最具投机性的,公司和农民都有违约的风险。

中介模式:该模式由正式的中介机构(农民团体,非政府组织)以及公司和农民签署。这种模式的主要缺点是它切断了公司与农民之间的联系。

资源丰富是美国发展农业的先决条件,也是家庭农场发展的主要保障。其订单农业的经营模式,作为农场商业模式是可供借鉴的。

任务三　家庭农场的发展前景

一、家庭农场的发展优势

(一)家庭农场兼有家庭经营和企业经营的优势

家庭农场不仅拥有家庭成员特有的生产积极性,还可以发挥企业的市场经营性,是一种融合家庭经营和企业经营双重优势的新型生产经营形态。

一方面，农业独有的产业特征决定了家庭是最佳的农业经营主体。从农业自身特点来看，农业是自然再生产与经济再生产相交织的过程，农业劳动对象的生命性、生产的季节性、自然环境的复杂多变性和不可控制性等因素，都使得生产者收益与生产过程直接相关。只有家庭能满足决策者和生产者利益的同一性，其在农业生产领域具有其他经营主体无法比拟的优势。家庭经营可以实现对农业生产全过程和最终产品负责，以及对各种难以预料的变化做出反应，符合农业作为生物再生产过程的特点。家庭经营的要素所有权属于家庭成员共同拥有，他们既是土地所有者和资本所有者，又是劳动者。这种要素所有权的同一性有助于将资本、土地和劳动的收益结合起来，经济组织内部不存在不同要素主体的权益对立，没有外部力量控制生产决策并分配劳动成果。此外，家庭农场可以充分发挥家庭成员的利他性动机，减少组织运转费用和生产监督成本。家庭作为最紧密的利益共同体，不会从纯经济的角度计较个人的劳动付出和收益，不需要外界监督和管理。由于继承了家庭的利他主义原则，家庭农场劳动力稳定，可以将生产过程中的组织成本和交易费用压缩到最小。

另一方面，家庭农场的农业法人化经营，可以使其更好地参与市场经济。家庭农场需要在工商部门注册，并受到工商、税务和农业等部门的监督和管理。作为一个生产经营实体，家庭农场与企业法人具有很多相似性，比如产权清晰、收益稳定、有较多的专用性资源等。因此，家庭农场比传统农户更容易进入金融、劳动力、土地等生产要素市场，更容易获得金融机构的贷款。与普通农户相比，家庭农场会有更多的动力进行企业式管理，努力采用新品种、新技术和新设备，并根据市场信息变化，进行生产调节，获取更大的利润。家庭农场的内聚力也有助于克服市场壁垒，有助于摆脱小生产者在市场竞争中的困境。

在经营方面，家庭农场通过生产、销售一体化，可以克服农产品契约的不完全性，掌握较为完整的供应链信息，获取更高的产品收益。另外，家庭农场具有一定的专用性资产，有利于克服传统农户的机会主义行为。同时，家庭农场作为市场中的“非匿名交易者”，为了维护市场信誉，获取持续的市场交易机会，不得不注重经营过程中的生产控制，保证农产品质量。可以看出，家庭农场在一定程度上摆脱了传统农户的生存经济特征和高风险规避倾向，更加注重长期经营收益，更有利于保证农产品质量安全。

（二）家庭农场可以弥补专业大户和农民合作社的不足

近几年来，我国专业大户、农民专业合作社等新型经营主体取得了快速发展。而家庭农场的兴起，可以在某些方面弥补专业大户和农民合作社的不足，进一步优化新型农业经营体系，提高农村经济发展活力。据原农业部统计，截至2012年年底，全国有经营面积50亩以上的种植专业大户276万户，依法登记的农民专业合作社68.9万个。在粮食生产方面，种粮专业大户和粮食生产合作社已成为粮食生产经营的重要力量。根据农业农村部种植业管理司的数据，目前全国共有种粮大户68.2万户，经营耕地面积1.34亿亩，粮食产量达746亿千克，占全国粮食总产量的12.7%；全国共有粮食生产合作社5.59万个，入社社员513万人，经营耕地7218万亩，粮食产量486亿千克，占全国粮食总产量的8.2%。以上数据表明，专业大户和合作社在我国粮食生产中占据重要地位，同时也说明了我国近80%的粮食仍然由分散的小农户生产。家庭农场仍然是我国最基本的农业经营形式。由于受收益稳定性、市场竞争性及不完全契约性等一些条件的制约，专业大户和农民合作社的发展存在客观边界。而家庭农场因具有上文提及的多种优势，可以与专业大户、合作社功能互补，成为我国农业经营模式的一种重要选择。具体来讲，专业大户和农民合作社在土地流转与规模经营过程中，面临土地流转费用高、稳定性差和盈利空间缩小等问题。调查发现，由于受“恋地情结”、升值预期和规避风险等因素的影响，大多数农户倾向于短期流转，期限以 3～5 年居多，有的甚至一年一租。不少土地流转采用的是口头协议，即使签订合同也存在手续不规范、条款不完备等问题，导致纠纷不断。过高、过快上涨的土地流转费让很多专业大户和合作社“望地兴叹”，有些大户和合作社因为无法接受农民的高报价而放弃租地。此外，近两年随着雇工、农资等成本的持续走高，大户和合作社的利润空间日益受到挤压，扩大经营规模的动力和能力不足。调查发现，在春耕、夏收、秋收时节，雇工的成本已经超过 100 元/天。由于耕地面积较大，种粮大户的农事生产主要靠农机来完成，农机具购买和作业成本大幅度增加，每亩费用超过 90 元。

在这些方面，家庭农场具有多种优势，可以避免专业大户和农民合作社面临的上述难题。一是家庭农场主要是利用家庭劳动力，部分使用自有土地，较少受到土地流转成本与雇工成本的制约；二是与合作社相比，家庭农场更贴近当地社区，可以充分依托地缘、血缘关系，减少交易谈判成本，稳定土地流转关系；三是与专业大户和合作社相比，家庭农场作为法人主体，能够通过资产抵押、信用贷款等方式获得金融机构的资金支持（图 1-5）。此外，未来我国土地承包经营权确权颁证工作完成后，家庭农场的融资能力将进一步提升。总之，发展家庭农场，既可以改善成为专业大户的门槛较高、承受风险过大，以及日益增加的各种成本等问题，也可以弥补农民专业合作社的经营贷款难、组织凝聚力弱等不足。由于我国各地区资源禀赋与发展程度不同，家庭农场的兴起可以弥补这种土地流转与规模经营的“空白地带”，有利于新型经营体系的完善。

图 1-5　工商资本助推家庭农场发展

（三）家庭农场有利于城镇化与新农村建设

一方面，家庭农场能够降低农民在城市化进程中的失地风险，促进土地流转与规模经营，为城镇化提供良好的社会环境。中国的“三农”问题不仅仅是一个经济问题，更是一个社会问题。在农村劳动力持续转移和城镇化快速推进的背景下，越来越多的农民脱离农业生产，但他们却无法做到脱离农村。究其原因，在于城市收益不稳定与社会保障不完善，因此大多数农民不敢轻易放弃土地，也不会倾向于长期流转土地，更多的是采取在城市与农村之间“游离”的生存状态。这既阻碍了城镇化的进程，也不利于新农村建设。对家庭农场而言，由于其自身的在地性、生产经营灵活性等特点，当转出土地的农户难以在城市立足而返乡时，可以有条件地将土地返还给农户耕种。与其他经营主体相比，家庭农场还能够充分利用社区信任性、信息共享性等特点，可以长期流入在城市有稳定收入的农户的土地。由此可见，家庭农场不仅可以为城镇化提供缓冲，给市民化失败的农民保留一份生活保障，还可以为进城农民提供更多的启动资金，促进城镇化健康发展。

另一方面，家庭农场的发展有利于改善农村劳动力结构，增加农业投资，为新农村建设提供动力。家庭作为农村社会生活的基本形态，从来就不是一个单纯的经济组织，还承担着情感交流、教育抚育、社会保障等社会功能。现阶段，我国大量外出务工的农村劳动力并没有完全实现市民化，而是出现了两栖化、兼业化特征。这也决定了中国以村庄聚居为特征的农村社会形态在较长的时期内不会改变。换句话说，中国没有依靠大规模雇用劳动力发展公司化经营的社会基础。因此，中国土地流转政策导向只能是土地有限集中和适度规模经营。近年来，政府组织实施了以新农村建设为代表的一系列政策，然而，与强大的外界推动力量相比，农村内生动力严重不足，影响了新农村建设的进程与实施效果。

对于有些农户来说，工资性收入已经成为家庭收入主要来源，家庭农业也逐渐演化为化解外出打工风险的载体，农业投资动力逐渐丧失。家庭农场作为一种以农业收入为主要来源的规模经营主体，有采用新技术、发展新农业的意愿和动力。同时，在激烈的市场竞争下，家庭农场比普通农户更有利于进行资本积累和改进农业生产技术，也有利于自身经济力量的壮大。从某种程度上说，家庭农场是农村先进生产力的代表，是我国新农村建设的主要力量之一。

二、家庭农场的发展前景

(一)家庭农场在全球的演变趋势

纵观世界农业发达国家，家庭经营始终是最主要的农业生产经营方式，发达国家发展家庭农场的经验做法可以对我国家庭农场的健康发展提供有益借鉴。

作为农业最基本的经营形态和组织形式，家庭农场在欧美等发达国家已有几百年的发展历史，长期以来，发达国家大多采取以家庭或家族为基础单位的农业经营方式进行农业生产活动，实践反复证明，这也是农业生产中最可靠、最高效的经营方式之一(图 1-6 至图 1-8)。

图 1-6　以美国为代表的大型家庭农场

图 1-7　以法国为代表的中型家庭农场

图 1-8　以日本为代表的小型家庭农场

1. 以美国为代表的大型家庭农场模式

美国地域广阔，自然资源丰富，农业发展条件得天独厚。美国于建国初期就确立了以家庭农场为主要经营形式的农业经济发展道路，其私有化的土地制度使土地所有者对土地享有转让、租赁、抵押和继承等完整的权利，可以让从业者方便地租赁或者购买土地，也催生了家庭农场的发展壮大。事实上，美国采用家庭经营方式的农场占比高达 98.7%。

经过一百多年的发展，美国家庭农场呈现以下发展趋势：一是经营规模逐步扩大。据美国农业部统计，到 2016 年年底，美国 206 万个农场的经营土地面积达 3.69 亿公顷，平均每个家庭农场经营土地面积从 1950 年到 2016 年扩大了一倍多。二是市场化、国际化趋势明显。作为世界农产品出口第一大国，美国家庭农场的市场化、国际化程度很高。农场大多通过公司化运作，产品远销世界各地。为适应不断变化的国际形势，美国也不断调整其相关支持保护政策，最近几年，其基本政策也从原来的直接支付补贴转为风险保障计划，包括价格损失保障、收入风险补助和农作物保险等，其目的就是进一步提升美国农业在国际市场上的竞争力。三是农场不断分化。在小型农场逐渐大型化发展的同时，农场组织形式开始逐步分化，除家庭农场外，雇工农场、合作农场、公司农场等多种形式开始兴起。其中，合作农场大多仍保持着家庭式的社会关系，公司农场也主要采取家庭控股方式经营。

2. 以法国为代表的中型家庭农场模式

法国是欧盟第一大农业国和仅次于美国的世界第二大粮食出口国，农业在国民经济中占有重要地位。目前法国有 70 多万个家庭农场，80%以上为占地 50 公顷以下的中型农场。

法国家庭农场呈现以下发展趋势：一是土地规模逐渐扩大。法国土地经营方式传统上以土地所有者直接经营为主，这造成土地分散和农场经营规模小，不利于现代农业科技的推广应用。政府一方面向私人购买土地，经过整治后以较低价格租赁给中等规模农场主；另一方面发放脱离农业的终身补贴，鼓励年长农场主放弃耕作。通过上述政策，政府逐渐扩大了家庭农场经营规模，提高了农业生产率。法国家庭农场的平均经营规模从 1955 年的 16 公顷扩大到了 1997 年的 41.7 公顷。二是专业化生产程度较高。法国家庭农场根据不同地域的自然条件划分农作物产区，如畜牧农场、谷物农场、葡萄和蔬菜农场等。在农场作业方面，专业化公司承担耕种、田间管理、收获、贮运、营销等环节，分工分业大大提高了农场运营效率。三是注重农业科技运用。政府拨款资助农业技术研究，加强水果蔬菜研究中心、粮食研究中心、园艺研究中心建设，重视农业科技基础研究和技术成果转化开发。同时，中央及地方政府、农业行业组织和工业企业共同参与农业技术的推广和普及，在全国形成农机、农药、化肥、良种和先进农艺的立体推广网络。

3. 以日本为代表的小型家庭农场模式

日本自然资源贫乏，人多地少，且耕地面积呈日趋减少之势。受自然条件限制，日本家庭农场以小规模经营为主，农场平均经营面积不足 2 公顷。

日本政府通过制定《新粮食法》《食品卫生法》等多部法律，以立法形式保障家庭农场和农业发展。政府在农业税收、农业补贴方面制定多种优惠政策，加快农业结构改革。为农业现代化提供低息贷款，支持农业保险，强化农业基础建设。高度重视利用农业科技、生物科技，确保水田精耕细作，通过发展高科技农业、生态农业和有机农业，促进家庭农场可持续发展。但必须注意到，日本在农户经营规模有所扩大的过程中，同时对大米等作物高筑关税壁垒，大米、黄油和砂糖进口关税分别高达 778%、360%和 328%。实行关税特例措施，在对外缔结自由贸易协定时将大米等农产品列为例外产品，确保农业处于完全保护之下。这种政策设计和调整未能适应全球化趋势，导致日本农业进入了高补贴、高价格、低竞争力的陷阱，在一定程度上，日本农业并不是成功的范例。

总之，无论是人少地多的北美，还是人地均衡的欧洲，抑或是人多地少的东亚地区，家庭农场大都是农业生产经营的主要方式。这一方式既保持了农业生产中家庭经营的制度优势，又通过适度规模经营，实现土地资源的优化配置，以集约化、商品化促进农业增效和农民收入增长。

(二)营造家庭农场健康发展的外部环境

近年来，随着农业供给侧结构性改革不断深入，各类新型农业经营主体发展的外部环境不断优化，需要强化对家庭农场发展的土地、人才、社会化服务等政策扶持。

1.引导流转土地向家庭农场集中

作为最主要的生产要素，土地的适度集中是家庭农场得以发展壮大的基础。近年来，随着我国工业化、信息化、城镇化和农业现代化进程加快，农村劳动力大量转移，农户承包土地的经营权流转明显加快，截至2016年年底，全国家庭承包经营耕地流转面积达到4.7亿亩，超过家庭承包耕地总面积的1/3，这为以租地经营为主的家庭农场发展创造了客观条件。2016年10月，中共中央办公厅、国务院办公厅印发《关于完善农村土地所有权承包权经营权分置办法的意见》，提出放活土地经营权的重大政策导向。土地经营权是土地作为农业生产要素功能的直接体现。实施"三权分置"的重要目的，就是更好地用活土地经营权，优化土地资源配置，既促进提升土地产出率，又保障务农者的劳动效益和收入水平，更好地促进规模经营和现代农业发展。

家庭农场的持续稳定发展，土地集中并形成经营规模是前提。要鼓励土地优先流向家庭农场，支持土地流出户与家庭农场签订中长期流转合同，稳定家庭农场经营预期。一是要稳定土地流转关系。要健全土地流转交易市场，加强土地流转平台建设，健全县、乡、村三级流转服务体系，开展流转供求信息、合同指导、价格协调、纠纷调解等服务，引导土地依法、自愿、平稳流转。二是要创新租地农场形成方式。鼓励有条件的地方将土地确权登记，互换并地与农田基础设施建设相结合，整合各类项目资金，建设优质高标准农田，优先流转给示范家庭农场。在鼓励土地租赁的基础上，积极推广股份合作、土地托管等方式。三是要引导形成稳定地租。推广实物计租货币结算、租金动态调整、土地入股保底分红等利益分配方式，稳定土地流转关系，保护流转双方合法权益。

2.加强新型职业农民教育培训

发达国家历来都非常重视职业农民培训教育。美国自2009年起每年提供7 500万美元给各类大学、农技推广中心和社会组织、公益性协会等，用于培训新型职业农民的农业生产技能和经营管理能力。法国建立了全方位、多层次的农业教育体系，并实行严格的资格证书制度，规定从事农业的工人、农业经营者或加工技术员均需取得相应的职业学习证书。近年来，我国农地流转呈现快速发展趋势，农户承包土地的流转必将导致一部分农户脱离土地，也势必会催生一大批有意愿扩大经营规模、全心致力于农业生产的职业农民。截至2016年年底，我国2.3亿农户中流转出承包土地的农户达到7 096.8万户，占农户总数的30.8%；在江苏、浙江等省，流转出承包土地的农户比例已接近50%，北京市、上海市分别达到54%和81%。与此同时，全国经营规模50亩以上的农户达到350万户，绝大多数是以规模经营农户或家庭农场的形式存在。这部分农户，往往具备一定的文化知识和技术能力，是我国未来职业农民的主要发展对象，强化对他们的培训教育和能力提升，是我国职业农民培育的主要方向。

高素质的农业劳动力是家庭农场发展的重要推动力。习近平总书记在参加 2017 年“两会”四川代表团审议时指出，要就地培养更多爱农业、懂技术、善经营的新型职业农民。爱农业，是由农民身份向农场主职业转变的前提。

与传统农民相比，家庭农场主更多的是一个职业称谓，而热爱则是职业发展的前提。只有具有深厚的农业情怀、认同农业、亲近农业的人，才能扎根农业、献身农业，才能经营管理好一个农场。懂技术，是家庭农场主从事现代农业的必备素养。现代农业的发展离不开技术支撑，现代农场主也必须掌握现代农业生产技术、具备使用农业机械等现代装备的能力。善经营，是现代农业对家庭农场主的新要求。家庭农场以商品化生产为目的，要具备能依据市场需求、消费者需要来判断和调整生产结构和产品结构的能力，要学习掌握现代营销技术，通过互联网等平台营销产品、塑造品牌。培养爱农业、懂技术、善经营的家庭农场主，除了鼓励大中专院校毕业生、返乡农民工、农机大户、市场经纪人等兴办家庭农场或到家庭农场就业创业，更要把家庭农场主作为农业农村实用人才队伍的主要培训对象，要整合各类培训资源，鼓励农业院校开设相关专业，科学设定教育培训内容，以生产经营类内容为重点，开展具有针对性的农业技能培训和经营管理才能教育培训，使家庭农场主具有工匠精神、精英意识，真正成为现代意义上的职业农民。

3. 构建完善的农业社会化服务体系

建设覆盖全程、综合配套、便捷高效的社会化服务体系是实现现代农业的必然要求，也是家庭农场发展壮大的重要支撑。法国形成了由政府、农会、农民和私人企业共同组成的农业服务体系，为家庭农场提供全方位服务。美国政府专门成立了农业部下属的农场服务局和对外农业服务局，对农业信息、农产品市场等给予有效支持。美国从事农业服务业的人数占全国从业人数的 15%，远远高于农业从业人员的比例(2%)，农业生产性服务业增加值占农业 GDP 的比重已达到 12.7%。我国资源禀赋和现有生产条件决定了我国现阶段家庭农场还不太可能达到美国家庭农场那样具备较高的农业机械化水平和自我服务的能力。但发展功能健全、运行良好的社会化服务，可以有效地把各种现代生产要素注入家庭经营之中，不断提高农业技术和装备水平，从而在坚持家庭“小生产”的基础上推进农业生产专业化、商品化和社会化，使我国家庭农场尽快缩小与发达国家的发展差距。

在鼓励适度规模经营的同时，要研究完善针对小农生产的扶持政策，加强社会化服务，把小农生产引入现代农业发展轨道。一是要加快构建新型农业社会化服务体系。要培育多元化、多形式、多层次的农业生产服务组织，做好产前的农资供应、市场信息服务，产中的农业技术指导、农机协作服务，产后的贮藏、销售和加工等服务，为家庭农场发展提供服务保障。二是要注重家庭农场之间的联合和合作。引导同产业、同类型的家庭农场组建专业协会、联合会，发挥集聚效应。三是积极引导家庭农场组建合作社，为家庭农场提供良种、农机、植保以及农产品加工、贮藏、销售等一体化服务。

(三)我国家庭农场的发展演变趋势

我国家庭农场真正发展的历史并不长，2008 年家庭农场概念首次写入中央文件，党的十七届三中全会提出“有条件的地方可以发展专业大户、家庭农场、农民专业合作社等规模经营主体”。2013 年，中央一号文件进一步把家庭农场明确为新型农业经营主体的主要形式，并要求通过新增农业补贴倾斜、鼓励和支持土地流入、加大奖励培训力度等措施，扶持和培育家庭农场发展。经过近几年各地各有关部门的积极作为，我国家庭农场创新发展局面已经初步形成。

1. 经营运作模式日益科学化

家庭农场的培育应以农户自发形成、政府适当引导为原则，不强求、不强制。从经营者角度来说，能经营、会管理，懂技术、敢创新、会沟通、善协调的新型职业农民将是家庭农场的主要经营者。从发展模式角度来说，应因地制宜，结合当地的自然资源特色、文化特色、传统消费习惯来选择发展项目，要积极参与品牌创建工作，形成“品牌＋家庭农场”的发展新模式。大力推广种养结合、有机循环模式的家庭农场，最好能把优美的乡村自然景观和观光体验农业以及城市居民的参与、体验、休闲、尝鲜结合进来，发展休闲农业和乡村旅游。在生产上，实现农业生产的规模化、集约化、商品化。依靠农业科技、机械化等方式，提高和增加农业生产经营过程中的附加值，延伸经营链条。

2. 组织方式由个体走向联合，低端走向高端

从组织的角度来说，家庭农场由个体走向联合，是未来家庭农场发展的重要趋势。采取专业合作社＋家庭农场、农业企业＋家庭农场、农业企业＋专业合作社＋家庭农场等联合方式是家庭农场发展壮大的必然选择。家庭农场“联社”形式可以多样，可以行业性联合，也可以不分行业联合；经济关系可以是松散型的，也可以是紧密型的。但整体目的都是为了实现更高层次的组织化和集合发展。家庭农场联社的基本形式，可以以“股份合作制”为主，即以一定数量的家庭农场共同出资为基础，组成“家庭农场战略联盟”性质的“经济共同体”或“经营集群”，依靠联盟成员集体力量，做到“产加销、贸工农、多种经营”，集成开发一些新产业，争取在更高层次上做大做强，并在更高层次上推进农业组织化和规模化。“家庭农场联合体”的产生，是农业现代化建设的希望。

家庭农场的发展会在新的基础上形成家庭农场之间的联合，也会与农村合作经济以及城镇工商企业进行联合。总之，今后家庭农场的发展与其他部门经济的联系将会更加紧密，并为国民经济的发展做出更大贡献。

3. 逐步引进现代企业的管理方法和原理

家庭农场主必须按照企业管理模式来核算成本、加强管理、追逐利润，必须要适应市场、开拓市场，由于家庭农场实行规模化、集约化、商品化生产经营，因而具备较强的市场竞争力。

农场内部生产经营活动要有组织性和计划性，建立明确的绩效考核制度，严格考核家庭农场每位人员在生产经营中实际劳动和物化劳动消耗状况，要把“农场收支”与“家庭收支”等严格分开，正确反映农场劳动生产率和盈利状况。这是确立农场经营信心、改善经营管理、运用新技术、增强竞争紧迫感的重要依据，也是家庭农场实现利润最大化的重要条件。

在重视生产的同时，更要研究营销，不能等、靠政府帮销，要更多地自我走向市场、了解市场、积极主动地开拓市场，真正成为市场竞争的重要主体。家庭农场如果不与现代企业经营制度的法则、原则结合起来，本质上将仍是“小农”的简单放大。国外许多家庭农场之所以能长久运营，一个重要原因就是遵循企业化经营规则，以市场配置资源，严格计划和经济核算，同时，十分注意应用新技术和研究市场，追求利润而不是产量的最大化。

4. 生产上日益注重内涵和扩大再生产

随着传统农业向现代化农业的转化，家庭农场成员的经营素质将会大大提高。家庭农

场劳动者的智能、技能将成为改造传统家庭经营的有力手段。今后，家庭农场用于改善家庭经营和技术的费用支出会大幅度增加，家庭农场经营者的价值观也会发生变化，即改善经营和技术的费用投入比增加劳动者和物资设备的费用投入更合算。工业经济的迅速发展，将为家庭农场生产方式的改进提供重要的条件。可以预见，今后家庭农场会更充分地利用工业技术和设备，资金密集型和技术密集型的家庭农场也会更多地出现。因此，内涵型扩大再生产方式，将是家庭农场扩大再生产的主要类型。用增加劳动者数量扩大家庭经营规模的现象，今后会越来越少，更多的是靠采用新技术、改善经营的办法来增加家庭农场的经济效益。

总之，家庭农场是未来农村发展的一个方向。对消费者来说，这意味着可以有更加专业化的农民来提供更安全的食品。对农民来说，这意味着可以管理更多土地，进行集约化规范化的经营，并一定程度上能解决融资和农产品销售中的一些难题。归纳国内外家庭农场发展实践经验，未来我国家庭农场的发展势必会呈现出注重科学规划、合理布局，依托资源、差异发展，与时俱进、不断创新，产研结合、周到服务，政府扶持、民间拉动，网络营销、宣传推介，示范带动、强农富民，回报社会、合作共赢，注重生态、着眼长远等趋势。

对比我国家庭农场与世界发达国家的家庭农场发展现状可以看出，相比于美国、欧洲的家庭农场处于规模扩大、数量减少与更注重效益的质量提升阶段，我国家庭农场尚处于数量快速增长与规模逐步扩大的数量扩张阶段，其发展演进趋势与欧美等发达国家家庭农场的发展历史契合。研究家庭农场的发展，一是要学习借鉴发达国家有益经验，从土地集中、科技提升、政策配套等方面注重提升家庭农场发展外部环境。二是要吸取日本等国的发展教训，坚定发展适度规模经营方向，同时也不能照搬照抄国外做法，应做到因地制宜、循序渐进。

三、案例与知识链接

1. 如何做到一个人管理 110 公顷的农场

从挪威首都奥斯陆开车到位于斯凯兹莫市的贝尔格农场只要不到 30 分钟。记者在地区农业办公室主任努特·萨姆塞特的陪同下，来到贝尔格农场。农场主哈尔瓦尔德·贝尔格今年 49 岁，农业经济学硕士毕业。他于 1997 年放弃舒适的办公室工作，从伯父手中接手了这座农场。

起初，农场面积约为 60 公顷，近几年，贝尔格从邻居手里又租了 50 公顷农田。这 110 公顷土地主要种各类谷物，年景好的时候，能收 400～500 吨谷物。另外，农场还养肉牛，目前存栏 60 多头。母牛不杀，公牛除被选中做种牛的，养到一定时候就卖了，一头大约能卖 2 万多挪威克朗（1 挪威克朗约合 1.04 元人民币）。种牛的价格则更高一些。

贝尔格一家 5 口人，妻子在城里上班，孩子都在上学。农场的所有事情都是他和一个雇工完成。这名雇工是立陶宛人，每天平均工作 8 小时，农忙的时候多干一些，农闲的时候少干一些，已经在农场干了 10 年。

按照法律规定，员工一年可以休 5 周带薪假，这个立陶宛人可以休 8 周。作为雇主，贝尔格还要给他上各种保险，交养老金。据记者了解，在这个地区，全职农场工人月薪不低于 2.5 万挪威克朗。

这几年，夏季雨水多，麦子收不上来，损失很大。“去年就没挣到钱。如果算自己的人工，实际上是赔钱的。”贝尔格告诉记者，不管年景好坏，土地租金一分不减，全额照付；工人工资、种子、化肥、农药、柴油等一分钱不能少花，机械维修和农业技术服务也要花不少钱。粮食收购价也不高，每千克小麦才 2.7 挪威克朗。

虽然挪威政府给农民的农业补贴很高，但是农业经营形势还是很不乐观。贝尔格说，去年政府各种农业补贴加起来有 45 万挪威克朗。全部垫进去，刚好不赔不赚。既然不赚钱，为什么不放弃？对于记者的提问，贝尔格说，“农业就是这样，有时候好，有时候差。”

“过去好的时候，我也赚了不少钱。现在情况不太好，希望今年、明年会好起来，就能赚到钱了。”陪同采访的努特·萨姆塞特对贝尔格这种“长远思维”所体现出来的那份淡定很是赞赏。挪威实行土地私有制，土地可以继承，也可以出租或出售。租期不少于 10 年，如果出售，政府要干预控制价格，以防价格过高。据贝尔格说，每年有 7%～8% 的农民放弃农场经营，到城里工作，把土地租给他人耕种。挪威农场中 50% 以上已经由农民租给别人经营。

贝尔格表示，在挪威，农户参加合作社的积极性很高，合作社采用民主管理模式，社员代表大会是合作社最高权力的机构。挪威 15 个主要农业合作社属于 5 万多名家庭农场主所有，年产值 690 亿挪威克朗，他参加了多个农业合作社，合作社有义务收购农户的全部农产品。

但是，农户可以自由选择是卖给合作社还是其他收购者。因为合作社的收购价格也不低，还可以参与年终结算分红，所以贝尔格一般都将产品出售给合作社。

买农业机械、农资等，贝尔格也是货比三家，谁便宜就买谁的。合作社社员没有义务一定从自己参加的合作社购买这些物资。但是，通常合作社会给会员各种优惠，会员购买得多，合作社经营状况好，社员分得的红利就会多。

另外，合作社还提供一些免费农业技术指导，为会员从保险公司和电信公司“团购”优惠的保险产品和电信服务。

2. 美国家庭农场是这样经营的

今日的美国，公共汽车驾驶员的数量甚至比农民人数还要多，美国农业人口占人口总数的比例不到 2%，但却养活了 3 亿美国人，粮食多得吃不了，干脆出口，这使美国成为全球谷物出口大国。美国农产品生产主要依赖家庭农场，两三个人一年就可以生产出上千吨的小麦或是玉米。科技的进步引发了美国农业生产的革命，也极大地提升了农业生产的效率。

美国的农场约有 220 万个，农场占地面积为 3.72 亿公顷，平均每个农场的面积为 169 公顷。美国农场以家庭农场为主，公司型的农场越来越少。根据人口普查局的统计数据，2007 年属于公司性质的农场有 96 000 个，合作农场为 174 000 个，而家庭农场则有 190 万个。由于美国农场多为家庭式农场，因此小型农场所占比例较高。全美 3.64公顷以下的农场有 23 万多个，4～20 公顷的农场 62 万多个，21～72 公顷的农场 66 万多个，73～200 公顷的农场 36 万多个，201～400 公顷的农场 15 万个，400 公顷以上的农场17万多个。

美国220多万户的农场中,大约有350多万个农业劳动力,其余的是小孩和老人等,每个农场主平均经营160公顷的土地。每个农场的平均劳动力为1.6个。2010年,美国收入超过100万美元的农场中有88%是家庭农场,其生产的农产品占全美农产品产量的79%。

伴随着农业科技水平的提高,今天的美国一个农民生产的粮食可以养活155人,而在1960年一个农民生产的粮食只能够养活26人。科技的发展为提高农业生产效率提供了机遇。第二次世界大战以前,生产2.5吨玉米需要花费100小时的人工,而现在只需花费不到2小时的人工。2009年美国农业产出是1948年的1.7倍,每年的增速为1.63%。在农产品产出增长的同时,用于生产农产品的投入却在下降,特别是更少的劳动力投入和更少的土地占用。科技现代化为家庭农场带来了生机,联合收割机安装有卫星定位系统,生物技术提升了农产品的产出,早期的订单降低了农产品价格下挫和销售困难的风险。最后,不少美国的农场主成了富有的人。

下面我们看一下一位叫作约翰斯顿的农场主是如何经营家庭农场的。约翰斯顿的爷爷1913年来到美国,一生都在和土地打交道。而约翰斯顿的父亲继续在爷爷留下的大片土地上耕耘。到了约翰斯顿时代,他自己经营的农场面积达到1 300公顷。同时约翰斯顿还拥有970公顷的土地,但为提高生产效率,约翰斯顿将这些土地租给其他人用来生产农产品。一年下来,约翰斯顿自己经营的土地收获小麦3 900吨、油菜2 500吨、大麦1 400吨。这样的农产品收获可以生产出1 300万条面包、120万升菜籽油、4万桶啤酒,年产值超过200万美元,而且利润也不薄。经营这么大的农场需要多少人呢?一共只有三个人,约翰斯顿领头,雇用两名农业工人,就一切都完成了。约翰斯顿和这两名工人一年工作的时间约为9个月,在播种和收获繁忙时期,约翰斯顿会再雇几个人临时来帮忙,但雇工的工作时间很短。

计算机技术的应用使美国农业出现了精准农业的概念。在播种时,播种机通过计算机联网,可以了解到上一年采用哪种播种方式种出的粮食收获最多,而依据这些数据,播种机会决定播种深度和施肥方法。现代化的联合收割机驾驶室犹如飞机的驾驶舱或是工厂的控制室。在收割时,驾驶室中的屏幕可以告诉驾驶人土地的单位面积产量,也可以显示收割上来的粮食湿度,还能让收割者知道尚有多少粮食需要收割。价值52万美元的新型联合收割机带有智能导航功能,收割机可以依据农作物的密度加速或是减速收割,以保证在收割过程中不浪费粮食。

传统农业的作业程序离不开耕地、播种、施肥、预防病虫害、灌溉和收获这几个环节,而现代科技的发展已使美国的粮食生产跨越了耕地这一环节。美国农业生产的一个科技性突破是运用遗传工程技术对种子进行特殊处理,新型种子具有抗杂草和抵御虫害的能力。目前美国的粮食类农产品有1/3是采用这种新型种子生产出来的。新科技和机械化为农民提高农业生产率提供了条件。

美国农业问题专家的研究表明,土地面积在60～100公顷的农场最适合夫妇家庭经营,只要开上个夫妻店,虽然辛苦一点,但在经营上却是最有效率的,既能节省劳动力,又能照顾得过来。62岁的布鲁翰和63岁的妻子则是成功经营小型家庭农场的一个典型。布鲁翰夫妇在艾奥瓦州拥有一个土地面积为60公顷的农场,这块土地虽然已经种植了100多年，但耕作层的土壤仍然深厚。在农场中，布鲁翰夫妇种植玉米、燕麦、饲料草。农场建有两座储粮仓，配有自动传输系统。布鲁翰夫妇还饲养了300头生猪和150头肉用公牛。布鲁翰夫妇也养了许多小动物，例如狗、兔子、鸭子、臭鼬和12只猫，农场简直成了小动物园。布鲁翰负责饲养猪和牛，而布鲁翰太太则饲养那些可爱的小动物。

由此可见，家庭农场模式可以进一步促进土地资源的优化配置，可以进一步激发农民的积极性、释放农业的潜力。家庭农场的经营特性明显，家庭农场主必须按照企业管理模式来核算成本、加强管理、追逐利润，必须要适应市场、开拓市场。由于家庭农场实行规模化、集约化、商品化生产经营，因而具备较强的市场竞争能力。我们有理由相信，在国家惠农政策的鼓励扶持下，家庭农场必将成为农业农村改革发展的排头兵和骨干力量。家庭农场模式往往要涉及土地流转和集中，而在土地流转和集中的过程中，必须严格遵循双方自愿和平等互惠的原则，即其他农民或村集体自愿把土地承包给家庭农场主，由家庭农场主支付合理的承包费，双方签订合同，约定承包的期限。在这种模式中，土地归村民集体所有的性质是不变的，向外承包土地的一方在合同到期后可以收回土地。因此，家庭农场模式并不会伤害农业的根基，并不会伤害其他农民和村集体的利益，并不会伤害农业公平，即便在发展家庭农场的过程中遇到一些问题，我们也可以通过不断修正来进行完善，我们完全可以放下顾虑，迈开大步走下去。

项目二

家庭农场的相关政策

任务一　家庭农场的相关土地政策

一、土地所有权与使用权

(一)农业用地所有权

1. 农业用地所有权的概念

农业用地是指直接或间接用于农业生产的土地。按照其用途,农业用地可分为耕地、园地、林地、草地、池塘、沟渠、田间道路和其他生产性建筑用地。其中耕地、园地、林地、草地是农业用地中最主要的土地类型。

农业用地所有权是指农业用地的土地所有者为实现农业生产的目的,对土地所享有的占有、使用、收益和处分的权利。

2. 农业用地所有权的类型

新中国成立后,经过土地改革,农业土地实行了国家所有与农民所有,后者进而过渡到农民集体所有的政策,形成农业土地的国家所有和集体所有两种形式,即全民所有制和劳动群众集体所有制土地。

(1)全民所有制农业用地　全民所有制土地是指土地归国家所有,其主体是具有法人资格的国家。《中华人民共和国土地管理法》第二条规定:"全民所有,即国家所有土地的所有权由国务院代表国家行使。"第五条规定:"国务院自然资源主管部门统一负责全国土地的管理和监督工作,县级以上地方人民政府自然资源主管部门的设置及其职责,由省、自治区、直辖市人民政府根据国务院有关规定确立。"按照我国法律,土地所有权禁止转让;国有土地既不能转归私人所有,也不能转归农民集体所有。国家只能通过划拨、出让、出租等方式将国有土地使用权授予公民、法人和其他组织。

(2)集体所有制农业用地　由于我国农村中客观存在多种形式的集体组织,按集体土地所有权主体进行划分,农业用地集体所有权的体现包括以下几种类型。

村农民集体:由村农民集体经济组织或村民委员会经营、管理。这是现阶段农村集体土地所有权主体的主要类型。

乡(镇)农民集体:如果土地已经属于乡(镇)农民集体所有的,可以由乡(镇)农民集体所有,由乡(镇)农民集体经济组织经营、管理。由于我国农村客观存在着少数原来已经公社化的土地,同时农林渔场的土地以及某些工业企业使用的土地大多属于乡(镇)所有,因此由乡(镇)行使所有权。

村内多个农民集体:如果村内有两个以上农村集体经济组织,如多个村民小组等,而土地已经属于这些集体所有,集体土地可以归该组织农民所有,并由该组织经营和管理。

(3)现行集体所有制农业土地　《中华人民共和国土地管理法》第九条规定:"农村和城市郊区的土地,除由法律规定属于国家所有的以外,属于农民集体所有;宅基地和自留地、自留山,属于农民集体所有。”农业用地集体所有权主体是村民小组和村、乡三级农民集体经济组织。

(二)农业用地使用权

1. 农业用地使用权的概念

土地使用权是单位或个人经国家依法确认的使用土地的权利,它包括国有土地使用权、集体土地建设用地使用权、农业生产用地的承包经营权。

农业生产用地的承包经营权是指集体或者个人通过承包、转包等形式依法取得的使用农民集体或国家所有土地从事广义农业生产的权利。它是一种使用土地的特定形式,它以合同的方式使用土地,是不经政府确定的一种使用权。

2. 农业用地使用权的类型

(1)全民所有制农业用地使用权　全民所有制的农业土地使用权主体是国有农场、国有林场等法人单位(图 2-1)。

图 2-1　建始县国有长岭岗林场(日本落叶松林基地)

(2)集体所有制农业用地使用权　结合我国集体土地所有权的变革和农村经济体制改革的实际,根据土地管理法的规定,农村集体所有的土地使用权包括以下几种情形:

①农民集体所有的土地依法属于村农民集体所有的,由村集体经济组织或村民委员会经营、管理。

②已经分别属于村内两个以上农村集体经济组织的农民集体所有的,由村内各该农村集体经济组织或者村民小组经营、管理。

③已经属于乡(镇)农民集体所有的,由乡(镇)农村集体经济组织经营、管理。

(三)我国农业用地使用政策

1. 全民所有制农业土地使用政策

针对全民所有制农业土地的使用政策,一般附随于国家土地管理政策较多,很少专项提出。国家对国有农业土地进行管理,并设立国有农场、国有林场等机构实行国有农业土地利用和经营。

2008 年,原国土资源部和原农业部联合发布《国土资源部、农业部关于加强国有农场土地使用管理的意见》(国土资发〔2008〕202 号),提出国有农场耕地实行最严格的保护制度,各地要加强国有农场土地利用计划管理,国有农场新增建设用地应纳入当地土地利用年度计划。凡不符合规划、没有新增建设用地计划指标的,不得申请使用国有农场土地进行非农建设。国有农场兴办第二、第三产业和招商引资新建非农建设项目需要使用国有农场土地的,也必须依法办理农用地转用审批手续和土地供应手续。国有农场规模化畜禽养殖用地,参照《关于促进规模化畜禽养殖有关用地政策的通知》(国土资发〔2007〕220 号)的有关规定执行。

2. 集体所有制土地使用政策

2002 年 8 月 29 日我国颁布了《中华人民共和国农村土地承包法》，将农村土地承包制度用法律形式固定下来，确立了农村土地承包经营权的取得和流转制度，赋予农民长期而有保障的土地使用权，维护农村土地承包当事人的合法权益，促进农业、农村经济发展和农村社会稳定。这一法律的出台，有利于农民合法权益的保护，有利于农民加大对农业生产的投入力度，有利于促进我国农业的适度规模经营。

3. 从“两权分置”到“三权分置”

(1)“两权分置”　1978 年以来，我国实行以家庭承包经营为基础、统分结合的双层经营体制，建立了中国特色的农地制度和基本经营制度。从产权角度来看，这是新中国成立以来土地改革中实行的“两权分置”，即把农村土地所有权与土地承包经营权进行分置。通过“分”和“统”，坚持集体土地所有制，把集体土地的承包经营权落实到承包户，实现家庭承包经营。

“两权分置”是在农村集体与农户之间进行的，是农户与集体之间农地产权的重新配置，是农地制度的第一次创新，奠定了农村基本经营制度的基石。因此，这次产权改革极大地解放了农村生产力，对我国农村改革具有开创性、奠基性意义。

(2)“三权分置”　2015 年中央一号文件提出，要抓紧修改农村土地承包方面的法律，界定农村土地集体所有权、农户承包权、土地经营权的权利关系。从产权角度来看，这是新中国成立以来土地改革中实行的“三权分置”，即在农村土地所有权与承包经营权分离的基础上，促使承包权与经营权再分离，实现所有权、承包权、经营权相互分置和并行，赋予集承包户、经营者各自对应的权利主体、权能机构、权属关系和保护手段。

“三权分置”是在承包经营权内部进行的，是承包者与经营者之间农地关系与相关权利义务的重新配置。与“两权分置”相比较，“三权分置”中分置的产权层次更高，分置的边界更清晰，分置的意义更深远，将从更高层次上创新和完善农地制度和农村基本经营制度。

二、土地承包经营权

(一)土地承包经营权概述

土地承包经营权，是指土地承包经营权人依法对其承包经营的耕地、林地、草地等享有占有、使用和收益的权利。土地承包经营权人有权在其承包地上从事种植业、林业、畜牧业等农业生产。农村集体经济组织实行家庭承包经营为基础、统分结合的双层经营体制。农民集体所有和国家所有由农民集体使用的耕地、林地、草地以及其他用于农业的土地，依法实行土地承包经营制度。根据《中华人民共和国物权法》和《中华人民共和国农村土地承包法》的相关规定，土地承包经营权的相关问题因家庭承包和其他方式的承包而有所不同。家庭承包和其他方式承包的区别在于农村土地的划分：一般农村土地应依法采取家庭承包方式；其他方式承包，是指不宜采取家庭承包方式的荒山、荒沟、荒丘、荒滩等农村土地，通过招标、拍卖、公开协商等方式承包。

(二)土地承包经营权的取得

土地承包经营权的取得方式主要有依据承包合同取得、通过土地承包经营权流转取得和继承取得。

(1)依据承包合同取得　承包方自承包合同生效时取得土地承包经营权。承包合同自成立之日起生效。县级以上地方人民政府应当向承包方颁发土地承包经营权证或者林权证等证书,并登记造册,确认土地承包经营权(图 2-2)。颁发土地承包经营权证或者林权证等证书,除按规定收取证书工本费,不得收取其他费用。

图 2-2　林权证

(2)通过土地承包经营权流转取得　国家保护承包方依法、自愿、有偿地进行土地承包经营权流转。

(3)继承取得　土地承包经营权的继承问题在家庭承包和其他方式承包中的规定不尽一致。在家庭承包中,承包人应得的承包收益,依照《中华人民共和国继承法》的规定继承。林地承包的承包人死亡,其继承人可以在承包期内继续承包。在其他方式承包中,土地承包经营权通过招标、拍卖、公开协商等方式取得的,该承包人死亡,其应得的承包收益,依照《中华人民共和国继承法》的规定继承;在承包期内,其继承人可以继续承包。无论是在家庭承包还是其他方式承包中,承包收益都可以依照《中华人民共和国继承法》的规定继承,继承方式主要包括法定继承、遗嘱继承和遗赠等。

(三)土地承包经营权的期限

根据《中华人民共和国物权法》和《中华人民共和国农村土地承包法》的相关规定,土地承包经营权的期限如下:耕地的承包期为 30 年;草地的承包期为 30～50 年;林地的承包期为 30～70 年,特殊林木的林地承包期,经国务院林业行政主管部门批准可以延长。

(四)承包合同

1. 承包合同的当事人

在家庭承包中,发包方应当与承包方签订书面承包合同。家庭承包的发包方,是指农民集体所有的土地依法属于村农民集体所有的,由村集体经济组织或者村民委员会发包;已经分别属于村内两个以上农村集体经济组织的农民集体所有的,由村内各该农村集体经济组织或者村民小组发包。村集体经济组织或者村民委员会发包的,不得改变村内各集体经济组织农民集体所有的土地的所有权。国家所有依法由农民集体使用的农村土地,由使用该土地的农村集体经济组织、村民委员会或者村民小组发包。家庭承包的承包方是本集体经济组织的农户。

以其他方式承包农村土地的,应当签订承包合同。其他方式承包农村土地的,其发包方与家庭承包的发包方一致,但是承包方有所区别。承包方既可以是本集体经济组织成员,也可以是本集体经济组织以外的单位或个人。在同等条件下，本集体经济组织成员享有优先承包权。

2. 承包合同的形式

承包合同应当采用书面形式。《中华人民共和国合同法》规定，当事人订立合同，有书面形式、口头形式和其他形式。口头形式，是指合同以言语为表现形式。书面形式是指合同书、信件和数据电文(包括电报、电传、传真、电子数据交换和电子邮件)等可以有形地表现所载内容的形式。承包合同当事人未采用书面形式但一方已经履行主要义务，对方接受的，该合同成立。

3. 承包合同的内容

承包合同一般包括以下条款：①发包方、承包方的名称，发包方负责人和承包方代表的姓名、住所；②承包土地的名称、坐落、面积、质量等级；③承包期限和起止日期；④承包土地的用途；⑤发包方和承包方的权利和义务；⑥违约责任。

以其他方式承包农村土地的，当事人的权利和义务、承包期限等，由双方协商确定。以招标、拍卖方式承包的，承包费通过公开竞标、竞价确定；以公开协商等方式承包的，承包费由双方议定。

4. 承包合同的成立与生效

承包合同自成立之日起生效。承包方自承包合同生效时取得土地承包经营权。承包合同的成立和生效两者相互联系，承包合同的成立是承包合同生效的前提条件。一般而言，承包合同自成立时发生效力。同时，承包合同的成立和生效又有明显区别。

承包合同的成立，是指承包合同当事人就土地承包的相关事项达成一致。承包合同必须采用书面形式，因此，如果承包合同当事人采用合同书形式订立合同的，自双方当事人签字或者盖章时合同成立。如果承包合同当事人采用信件、数据电文等形式订立合同的，可以在合同成立之前要求签订确认书。签订确认书时合同成立。承包合同采用合同书形式订立合同，在签字或者盖章之前，当事人一方已经履行主要义务，对方接受的，该合同成立。

承包合同的生效，是指承包合同对当事人发生法律效力。依法成立的承包合同，自成立时生效。承包合同生效的条件包括：①承包合同当事人具有相应的行为能力；②承包合同当事人意思表示真实、自由；③承包合同不违反法律强制性规定、不违反社会公共利益。

承包合同无效的情形主要包括：①一方以欺诈、胁迫的手段订立合同；②恶意串通，损害国家、集体或者第三人利益；③以合法形式掩盖非法目的；④损害社会公共利益；⑤违反法律、行政法规的强制性规定。

承包合同中的下列免责条款无效：①造成对方人身伤害的；②因故意或者重大过失造成对方财产损失的。承包合同部分无效不影响其他部分效力的，其他部分仍然有效。

承包合同可变更、可撤销的情形主要包括：①因重大误解订立的；②在订立合同时显失公平的；③一方以欺诈、胁迫的手段或者乘人之危，使对方在违背真实意思的情况下订立的合同。具有撤销权的当事人自知道或者应当知道撤销事由之日起一年内没有行使撤销权，具有撤销权的当事人知道撤销事由后明确表示或者以自己的行为放弃撤销权，以及由当事人请求变更的，人民法院或者仲裁机构不得撤销。

承包合同效力待定的情形主要包括：①限制民事行为能力人订立的合同；②无权代理人

以被代理人名义订立的合同;③无处分权的人处分他人财产订立的合同。效力待定的承包合同因追认而生效,未获追认的无效。

承包合同无效或被撤销的法律后果包括:①返还财产。合同无效或者被撤销后,因该合同取得的财产,应当予以返还;不能返还或者没有必要返还的,应当折价补偿。②损害赔偿。有过错的一方应当赔偿对方因此所受到的损失,双方都有过错的,应当各自承担相应的责任。③追缴财产。当事人恶意串通,损害国家、集体或者第三人利益的,因此取得的财产收归国家所有或者返还集体、第三人。

5.承包合同的变更

承包合同生效后,发包方不得因承办人或者负责人的变动而变更,也不得因集体经济组织的分立或者合并而变更。国家机关及其工作人员不得利用职权干涉农村土地承包。

承包合同的变更需要承包合同双方当事人协商一致。承包期内,发包方不得调整承包地。在特定情形下,发包方对承包地的调整,属于承包合同的变更。承包期内,因自然灾害严重毁损承包地等特殊情形对个别农户之间承包的耕地和草地需要适当调整的,必须经本集体经济组织成员的村民会议 2/3 以上成员或者 2/3 以上村民代表的同意,并报乡(镇)人民政府和县级人民政府农业等行政主管部门批准。承包合同中约定不得调整的,按照其约定。

应当用于调整承包土地或者承包给新增人口的土地主要包括:①集体经济组织依法预留的机动地;2003 年 3 月 1 日前已经预留机动地的,机动地面积不得超过本集体经济组织耕地总面积的百分之五。不足百分之五的,不得再增加机动地。未留机动地的,不得再留机动地。②通过依法开垦等方式增加的;③承包方依法、自愿交回的。

6.承包合同的解除

承包合同生效后,发包方不得因承办人或者负责人的变动而解除,也不得因集体经济组织的分立或者合并而解除。国家机关及其工作人员不得利用职权解除承包合同。

(1)承包合同的约定解除　承包合同当事人协商一致,可以解除合同。当事人可以约定一方解除合同的条件。解除合同的条件成熟时,解除权人可以解除合同。

(2)承包合同的法定解除　家庭承包的承包期内,发包方不得单方面解除承包合同,不得假借少数服从多数强迫承包方放弃或者变更土地承包经营权,不得以划分“口粮田”和“责任田”等为由收回承包地搞招标承包,不得将承包地收回抵顶欠款。

家庭承包的承包期内,发包方不得收回承包地。承包期内,妇女结婚,在新居住地未取得承包地的,发包方不得收回其原承包地;妇女离婚或者丧偶,仍在原居住地生活或者不在原居住地生活但在新居住地未取得承包地的,发包方不得收回其原承包地。承包期内,承包方全家迁入小城镇落户的,应当按照承包方的意愿,保留其土地承包经营权或者允许其依法进行土地承包经营权流转。

例外的情形是,家庭承包的承包期内,承包方全家迁入设区的市,转为非农业户口的,应当将承包的耕地和草地交回发包方。承包方不交回的,发包方可以收回承包的耕地和草地。承包期内,承包方交回承包地或者发包方依法收回承包地时,承包方对其在承包地上投入而提高土地生产能力的,有权获得相应的补偿。发包方在这种情形下收回承包地的,属于承包合同的法定解除。

家庭承包的承包期内，承包方可以自愿将承包地交回发包方。承包方自愿交回承包地的，应当提前半年以书面形式通知发包方。承包方在承包期内交回承包地的，在承包期内不得再要求承包土地。这属于承包方单方解除承包合同。

以其他方式承包农村土地的，当事人可以解除合同的情形包括：①因不可抗力致使不能实现合同目的；②在履行期限届满之前，当事人一方明确表示或者以自己的行为表明不履行主要债务；③当事人一方迟延履行主要债务，经催告后在合理期限内仍未履行；④当事人一方迟延履行债务或者有其他违约行为致使不能实现合同目的；⑤法律规定的其他情形。

（五）土地承包经营权证

1. 土地承包经营权证的概念

农村土地承包经营权证是农村土地承包合同生效后，国家依法确认承包方享有土地承包经营权的法律凭证。农村土地承包经营权证只限承包方使用。土地承包经营权证的作用在于确认土地承包经营权，而不是取得土地承包经营权的条件。县级以上地方人民政府应当向土地承包经营权人发放土地承包经营权证、林权证、草原使用权证，并登记造册，确认土地承包经营权。

承包耕地、园地、荒山、荒沟、荒丘、荒滩等农村土地从事种植业生产活动，承包方依法取得农村土地承包经营权后，应颁发农村土地承包经营权证予以确认。承包草原、水面、滩涂从事养殖业生产活动的，依照《中华人民共和国草原法》《中华人民共和国渔业法》等有关规定确权发证。

2. 土地承包经营权证的内容

农村土地承包经营权证应包括以下内容：①名称和编号；②发证机关及日期；③承包期限和起止日期；④承包土地名称、位置、面积、用途；⑤农村土地承包经营权变动情况；⑥其他应当注明的事项。

农村土地承包经营权证所载明的权利有效期限，应与依法签订的土地承包合同约定的承包期一致。农村土地承包经营权证登记簿记载农村土地承包经营权的基本内容。农村土地承包经营权证、农村土地承包合同、农村土地承包经营权证登记簿记载的事项应一致。

3. 土地承包经营权证的颁发

实行家庭承包经营的承包方，由县级以上地方人民政府颁发农村土地承包经营权证。实行其他方式承包经营的承包方，经依法登记，由县级以上地方人民政府颁发农村土地承包经营权证。县级以上地方人民政府农业行政主管部门负责农村土地承包经营权证的备案、登记、发放等具体工作。

实行家庭承包的，按下列程序颁发农村土地承包经营权证：①土地承包合同生效后，发包方应在30个工作日内，将土地承包方案、承包方及承包土地的详细情况、土地承包合同等材料一式两份报乡（镇）人民政府农村经营管理部门。②乡（镇）人民政府农村经营管理部门对发包方报送的材料予以初审。材料符合规定的，及时登记造册，由乡（镇）人民政府向县级以上地方人民政府提出颁发农村土地承包经营权证的书面申请；材料不符合规定的，应在15个工作日内补正。③县级以上地方人民政府农业行政主管部门对乡（镇）人民政府报送的申请材料予以审核。申请材料符合规定的，编制农村土地承包经营权证登记簿，报同级人民政府颁发农村土地承包经营权证；申请材料不符合规定的，书面通知乡（镇）人民政府补正。

实行招标、拍卖、公开协商等方式承包农村土地的，按下列程序办理农村土地承包经营权证：①土地承包合同生效后，承包方填写农村土地承包经营权证登记申请书，报承包土地所在乡（镇）人民政府农村经营管理部门。②乡（镇）人民政府农村经营管理部门对发包方和承包方的资格、发包程序、承包期限、承包地用途等予以初审，并在农村土地承包经营权证登记申请书上签署初审意见。③承包方持乡（镇）人民政府初审通过的农村土地承包经营权登记申请书，向县级以上地方人民政府申请农村土地承包经营权证登记。④县级以上地方人民政府农业行政主管部门对登记申请予以审核。申请材料符合规定的，编制农村土地承包经营权证登记簿，报请同级人民政府颁发农村土地承包经营权证；申请材料不符合规定的，书面通知申请人补正。

乡（镇）人民政府农村经营管理部门领取农村土地承包经营权证后，应在 30 个工作日内将农村土地承包经营权证发给承包方。发包方不得为承包方保存农村土地承包经营权证。

颁发土地承包经营权证或者林权证等证书，除按规定收取证书工本费，不得收取其他费用。农村土地承包经营权证工本费的支出要严格执行国家有关财务管理的规定。农村土地承包经营权证由农业农村部监制，由省级人民政府农业行政主管部门统一组织印制，加盖县级以上地方人民政府印章。

4. 土地承包经营权证的更正

农村土地承包经营权证登记簿、承包合同登记及其他登记材料，由县级以上地方农业行政主管部门管理。农村土地承包方有权查阅、复制农村土地承包经营权证登记簿和其他登记材料，县级以上农业行政主管部门不得限制和阻挠。农村土地承包当事人认为农村土地承包经营权证和登记簿记载错误的，有权申请更正。

5. 土地承包经营权证的变更

承包期内，承包方采取转包、出租、入股方式流转土地承包经营权的，无须办理农村土地承包经营权证变更。采取转让、互换方式流转土地承包经营权的，当事人可以要求办理农村土地承包经营权证变更登记。因转让、互换以外的其他方式导致农村土地承包经营权分立、合并的，应当办理农村土地承包经营权证变更。办理农村土地承包经营权变更申请应提交以下材料：①变更的书面请求；②已变更的农村土地承包合同或其他证明材料；③农村土地承包经营权证原件。

乡（镇）人民政府农村经营管理部门受理变更申请后，应及时对申请材料进行审核。符合规定的，报请原发证机关办理变更手续，并在农村土地承包经营权证登记簿上记载。

6. 土地承包经营权证的换发、补发

农村土地承包经营权证严重污损、毁坏、遗失的，承包方应向乡（镇）人民政府农村经营管理部门申请换发、补发。经乡（镇）人民政府农村经营管理部门审核后，报请原发证机关办理换发、补发手续。

办理农村土地承包经营权证换发、补发手续，应以农村土地经营权证登记簿记载的内容为准。农村土地承包经营权证换发、补发，应当在农村土地承包经营权证上注明“换发”“补发”字样。

7. 土地承包经营权证的收回

承包期内，发生下列情形之一的，应依法收回农村土地承包经营权证：①承包期内，承包方全家迁入设区的市，转为非农业户口的。②承包期内，承包方提出书面申请，自愿放弃全部承包土地的。③承包土地被依法征用、占用，导致农村土地承包经营权全部丧失的。④其他收回土地承包经营权证的情形。

承包方无正当理由拒绝交回农村土地承包经营权证的，由原发证机关注销该证（包括编号），并予以公告。收回的农村土地承包经营权证，应退回原发证机关，加盖“作废”章。

（六）土地承包经营权的效力

土地承包经营权的效力，是指土地承包经营权对发包人、承包人和第三人产生的法律效力。

（1）土地承包经营权对发包人的效力　发包方享有下列权利：①发包本集体所有的或者国家所有依法由本集体使用的农村土地；②监督承包方依照承包合同约定的用途合理利用和保护土地；③制止承包方损害承包地和农业资源的行为；④法律、行政法规规定的其他权利。

发包方承担下列义务：①维护承包方的土地承包经营权，不得非法变更、解除承包合同；②尊重承包方的生产经营自主权，不得干涉承包方依法进行正常的生产经营活动；③依照承包合同约定为承包方提供生产、技术、信息等服务；④执行县、乡（镇）土地利用总体规划，组织本集体经济组织内的农业基础设施建设；⑤法律、行政法规规定的其他义务。

（2）土地承包经营权对承包人的效力　承包方享有下列权利：①依法享有承包地使用、收益和土地承包经营权流转的权利，有权自主组织生产经营和处置产品；②承包地被依法征用、占用的，有权依法获得相应的补偿；③法律、行政法规规定的其他权利。

承包方承担下列义务：①维持土地的农业用途，不得用于非农建设；②依法保护和合理利用土地，不得给土地造成永久性损害；③法律、行政法规规定的其他义务。承包荒山、荒沟、荒丘、荒滩的，应当遵守有关法律、行政法规的规定，防止水土流失，保护生态环境。

（3）土地承包经营权对第三人的效力　国家保护集体土地所有者的合法权益，保护承包方的土地承包经营权，任何组织和个人不得侵犯。

三、土地承包经营权流转

（一）土地承包经营权流转的概念

土地承包经营权流转，是指土地承包经营权人依法将土地承包经营权采取转包、出租、互换、转让、入股、抵押或者其他方式流转。农村土地承包经营权应当依法流转，切实维护流转双方当事人合法权益，促进农业和农村经济发展。县级以上人民政府农业行政主管（或农村经营管理）部门依照同级人民政府规定的职责负责本行政区域内的农村土地承包经营权流转及合同管理的指导。

(二)土地承包经营权流转合同

1. 土地承包经营权流转合同的概念

土地承包经营权流转合同,是指承包方与受让方就土地承包经营权流转签订的协议。承包方流转农村土地承包经营权,应当与受让方在协商一致的基础上签订书面流转合同。农村土地承包经营权流转合同一式四份,流转双方各执一份,发包方和乡(镇)人民政府农村土地承包管理部门各备案一份。承包方将土地交由他人代耕不超过一年的,可以不签订书面合同。

2. 土地承包经营权流转合同的主要条款

土地承包经营权流转合同一般包括以下内容:①双方当事人的姓名、住所;②流转土地的四至、位置、面积、质量等级;③流转的期限和起止日期;④流转方式;⑤流转土地的用途;⑥双方当事人的权利和义务;⑦流转价款及支付方式;⑧流转合同到期后地上附着物及相关设施的处理;⑨违约责任。土地承包经营权流转方式、期限和具体条件,由流转双方平等协商确定。土地承包经营权流转合同文本格式由省级人民政府农业行政主管部门确定(图 2-3)。

3. 土地承包经营权流转合同的签订

承包方和受让方签订书面流转合同。承包方委托发包方或者中介服务组织流转其承包土地的,流转合同应当由承包方或其书面委托的代理人签订。从事农村土地承包经营权流转服务的中介组织应当向县级以上地方人民政府农业行政(或农村经营管理)主管部门备案并接受其指导,依照法律和有关规定提供流转中介服务。

乡(镇)人民政府农村土地承包管理部门应当及时向达成流转意向的承包方提供统一文本格式的流转合同,并指导签订。乡(镇)人民政府农村土地承包管理部门在指导流转合同签订中,发现流转双方有违反法律法规的约定,要及时予以纠正。

4. 土地承包经营权流转合同的鉴证

土地承包经营权流转合同的鉴证,是指乡(镇)人民政府农村土地承包管理部门根据合同双方当事人的申请,对合同的真实性和合法性进行审查的制度。农村土地承包经营权流转当事人可以向乡(镇)人民政府农村土地承包管理部门申请合同鉴证。乡(镇)人民政府农村土地承包管理部门不得强迫土地承包经营权流转当事人接受鉴证。乡(镇)人民政府农村土地承包管理部门在流转合同鉴证中,如发现流转双方有违反法律法规的约定,要及时予以纠正。

5. 土地承包经营权流转合同的保管

乡(镇)人民政府农村土地承包管理部门应当对农村土地承包经营权流转合同及有关文件、文本、资料等进行归档并妥善保管。

(三)土地承包经营权流转方式

依据《中华人民共和国物权法》《中华人民共和国农村土地承包法》等相关法律规定,土地承包经营权的流转方式因土地承包经营权的取得方式不同而有所区别。一是通过家庭承包取得的土地承包经营权可以依法采取转让、转包、出租、互换、入股或者其他方式流转。二

JSF-2016-0001

江苏省农村土地承包经营权流转合同

（示范文本）

合同编号：

甲方（出让方）：____________________ 证件类型及编号：
联系地址：________________________ 联系电话：
经营主体类型：□ 农村居民 □ 城镇居民 □ 村集体经济组织
□ 民民委员会 □ 企业法人 □ 农民合作社
□ 其他 __________ 所属集体经济组织代码证：

乙方（受让方）：____________________ 证件类型及编号：
联系地址：________________________ 联系电话：
经营主体类型：□ 农村居民 □ 城镇居民 □ 村集体经济组织
□ 民民委员会 □ 企业法人 □ 农民合作社
□ 其他 __________ 所属集体经济组织代码证：

为规范农村土地流转行为，维护流转当事人的合法权益，依据《中华人民共和国合同法》《中华人民共和国农村土地承包法》《农村土地经营权流转管理办法》等有关法律、法规和国家有关政策的规定，本着平等、自愿、有偿的原则，甲乙双方就农村土地承包经营权流转事宜经协商一致，订立本合同。

第一条 流转土地及用途

地块名称	面积（亩）	等级	地类	四至				用途
				东至	西至	南至	北至	

（一）流转土地的承包经营权证书号：
以土地承包证书登记面积为准，共计______亩。
（二）甲方将土地经营权流转给乙方。

图 2-3 农村土地承包经营权流转合同（部分）

是通过招标、拍卖、公开协商等方式承包荒山、荒沟、荒丘、荒滩等农村土地，经依法登记取得土地承包经营权证或者林权证等证书的，土地承包经营权可以依法采取转让、出租、入股、抵押或者其他方式流转。

中共十八届三中全会《中共中央关于全面深化改革若干重大问题的决定》指出，稳定农村土地承包关系并保持长久不变，在坚持和完善最严格的耕地保护制度前提下，赋予农民对承包地占有、使用、收益、流转及承包经营权抵押、担保权能，允许农民以承包经营权入股发展农业产业化经营。2014 年中央一号文件指出，稳定农村土地承包关系并保持长久不变，在坚持和完善最严格的耕地保护制度前提下，赋予农民对承包地占有、使用、收益、流转及承包经营权抵押、担保权能。在落实农村土地集体所有权的基础上，稳定农户承包权、放活土地经营权，允许承包土地的经营权向金融机构抵押融资。由此可见，通过家庭承包取得的土地承包经营权，在坚持和完善最严格的耕地保护制度前提下，可以通过抵押的方式流转，并且能够通过入股的方式发展农业产业化经营。土地承包经营权流转方式的具体情形如下：

(1)转让　是指承包方有稳定的非农职业或者有稳定的收入来源，经承包方申请和发包方同意，将部分或全部土地承包经营权让渡给其他从事农业生产经营的农户，由其履行相应土地承包合同的权利和义务。转让后原土地承包关系自行终止，原承包方承包期内的土地承包经营权部分或全部灭失。承包方转让承包土地，发包方同意转让的，应当及时向乡(镇)人民政府农村土地承包管理部门报告，并配合办理有关变更手续；发包方不同意转让的，应当于7日内向承包方书面说明理由。通过招标、拍卖和公开协商等方式承包荒山、荒沟、荒丘、荒滩等农村土地，经依法登记取得农村土地承包经营权证的，可以依法采取转让的方式流转。

(2)转包　是指承包方将部分或全部土地承包经营权以一定期限转给同一集体经济组织的其他农户从事农业生产经营。转包后原土地承包关系不变，原承包方继续履行原土地承包合同规定的权利和义务。接包方按转包时约定的条件对转包方负责。承包方将土地交他人代耕不足一年的除外。

(3)互换　是指承包方之间为方便耕作或者各自需要，对属于同一集体经济组织的承包地块进行交换，同时交换相应的土地承包经营权。

(4)出租　是指承包方将部分或全部土地承包经营权以一定期限租赁给他人从事农业生产经营。出租后原土地承包关系不变，原承包方继续履行原土地承包合同规定的权利和义务。承租方按出租时约定的条件对承包方负责。

(5)入股　是指实行家庭承包方式的承包方之间为发展农业经济，将土地承包经营权作为股权，自愿联合从事农业合作生产经营；其他承包方式的承包方将土地承包经营权量化为股权，入股组成股份公司或者合作社等，从事农业生产经营。按照原有的政策，通过家庭承包取得的土地承包经营权的只能入股农民专业合作社。农民专业合作社是在农村家庭承包经营基础上，同类农产品的生产经营者或者同类农业生产经营服务的提供者、利用者，自愿联合、民主管理的互助性经济组织。农民专业合作社解散时，入股土地应当退回原承包农户。按照目前的政策，通过家庭承包取得的土地承包经营权可以入股其他农业经营主体，发展农业产业化经营。

(6)抵押　是指为担保债务的履行，承包方不转移其承包农村土地的占有，将土地承包经营权抵押给债权人的，承包方不履行到期债务或者发生当事人约定的实现抵押权的情形，债权人有权就该财产优先受偿。按照原有的政策，只有通过其他方式取得的土地承包经营权能够采用抵押的方式流转。按照目前的政策，通过家庭承包方式取得的土地承包经营权也可以采用抵押的方式流转。

(7)再流转　受让方将承包方以转包、出租方式流转的土地实行再流转，应当取得原承包方的同意。通过转让、互换方式取得的土地承包经营权，经依法登记获得土地承包经营权证后，可以依法采取转包、出租、互换、转让或者其他方式流转。

四、案例与知识链接

1.农村土地所有权和使用权纠纷

【案例】原告某村民委员会不服被告某区政府做出的土地行政确权。原告与第三人某村民委员会纠纷土地位于第三人村西，原告村东、老105国道东、新327国道北。原某酒厂排水用废沙坑，其形状为梯形，北边边长为75米，东边边长为87米，南边边长为27米，西边边长为86米，面积为4 411.5平方米。1977年冬，济汶公路老孟宪洼沟向西改道占用原告土地约12亩，当时未做补偿，原告有损失。就该问题原县三湖指挥部于1980年11月做出《关于处理孟宪洼沟改道工程遗留的意见》，其主要内容是以老105国道东新沟中心为界，沟东归李营公社，沟西归南张公社，原告大队所受损失补偿3 600元解决，沟占地归国家所有。这次处理后，两村近三十年来相安无事，该土地一直被第三人使用或被某酒厂租用排污水。2005年原告村少数村民向纠纷地倒垃圾再次引起纠纷，纠纷土地由原县三湖指挥部《关于处理孟宪洼沟改道工程遗留问题的意见》中已明确产权关系，并且第三人已使用近三十年，区政府于2008年9月18日做出《土地权属争议案件决议书》，将该地块确权给第三人所有。原告不服，向市人民政府申请复议。

【判决】2009年3月19日，市人民政府行政复议决定书，维持区政府做出的《土地权属争议案件决议书》的具体行政行为。2009年6月29日，市中级人民法院行政判决书，维持区政府做出的《土地权属争议案件决议书》的具体行政行为。2009年11月16日，省高级人民法院行政判决书，维持区政府做出的《土地确属争议案件决定书》的具体行政行为，该判决为终审判决。

【评析】本案是一起因土地权属引起的争议案件，涉及两个街道的两个行政村，时间跨度近30年。在处理这类土地权属案件时，本着尊重历史、承认现实、合理合法的原则，在查清事实的基础上，依照我国有关的法律、法规和政策来解决。根据《确定土地所有权和使用权的若干规定》第二十一条的规定，农民集体连续使用其他农民集体所有土地已满二十年的，应视为现使用者所有。这是结合我国土地管理实际对取得实效制度进行的探索，在解决农村由于历史原因而形成的大量土地权属纠纷中起到了积极作用。

不动产登记是一个庞杂的工程，其制度建设需要经过长期艰辛的努力，我国至今尚未建立完备的不动产登记体系。土地改革以来，因不动产登记而遗留的历史问题颇多。目前，在广大农村尚有大量未登记的不动产，尤其是私有房屋。即使是在城市或乡镇，不动产登记制度亦不可能无一遗漏地将所有不动产登记造册，因而，根据取得时效制度确认未登记的不动产的权利归属，实现事实与法律的统一，不失为一种低成本、高效率的权利界定方式。在不动产登记簿中登记为所有人的占有人，善意占有该不动产经过一定期间，且该登记未被撤销时，将取得该不动产的所有权。这种类型主要适用不动产发生登记错误的情形，其目的是消除不动产登记中产生的登记物权与事实物权之间的差异，使两种权利归于统一，以稳定经济秩序。

2. 土地承包合同无效，责任由谁来承担

【案例】2001 年 12 月，村民李某与当时的村委会签订了一份土地承包合同。合同约定，村委会将村属的 15 亩承包地承包给李某经营，承包期限为 30 年。合同签订后，李某对所承包的土地进行了重新规范和整理，并投资近 3 000 元，在承包土地上新打了一眼深井。2002 年 10 月，李某所在的村委会进行了换届选举。换届后的村委会以原村委会与李某所签订的土地承包合同没有召开村民大会，违反民主议定原则为由，将李某所承包的土地强行收回。李某将村委会告上法庭，要求确认合同有效，被告继续履行合同；如果确认合同无效，要求赔偿 2 万元经济损失。

【判决】法院经审理后认为，原告李某与原村委会之间签订的土地承包合同违反了民主议定原则，属于无效合同。原村委会在签订合同中存在明显过错，应当对因合同无效给原告李某造成的经济损失进行赔偿。但法院在判决中只对因合同无效给李某造成的直接损失做了认定，判决村委会赔偿李某整地和打井费用 5 000 元，而对李某自行委托价格认证中心认证的不能继续履行合同后两年的土地可得利益损失 13 000 元，以"属于期待利益，不是直接损失，且村委会有异议"为由，不予支持。

【评析】农村土地承包合同与其他合同相比，具有长期性特点，一般为 30 年。这种土地承包合同签订后，承包人为顾及长远利益，其初始投入往往较大，承包人的期待利益也是巨大的。一旦合同被确认无效，势必会损害农民的切身利益。以上案例中，对李某自行委托认证机构做出的间接损失认定，如双方有异议，法院可委托有鉴定资格的认证机构予以认证。

3. 村委会私签合同被判无效

【案例】2002 年 12 月末，双庙村委会召开二组村民代表会议，专门讨论该组果园发包一事。但会议未能就果园承包期限、竞标底价等问题达成一致意见，代表们也未在会议记录上签字。2003 年 1 月初，村委会张贴招标广告，明示将二组果园发包，并确定发包底价及期限。1 月 8 日村委会又召开二组村民会议，但发包方案未被村民通过。而村委会于 1 月 19 日与他人签订了 4 份承包合同，将果园全部发包。二组村民不服，集体向法院提出起诉。

【判决】朝阳县人民法院受理了朝阳县杨树湾乡双庙村二组全体村民状告村民委员会违法与他人签订果树承包合同一案。经过依法审理，村委会与他人签订的 4 份果树承包合同均被判无效。依法保护了全体村民的合法利益。

【评析】法院审理认为，村委会与他人签订果树承包合同，既未在村民代表会议上与村民代表形成一致意见，又未在全体村民集体会议上通过村委会公告的发包方案，发包程序不符合法律规定。

4. 农村承包地调整谁说了算

【案例】蔡小兴家南面有一块仓库大场，村里分田到户后，该场地一度闲置，后由濮吉生等五户村民占用种植蔬菜，蔡小兴部分承包地被村里征用后，就提出把这块大场补

偿给他，遭到濮吉生等人的反对。2003 年 5 月，村委会书面通知蔡小兴被征用承包地的面积用补划的方式解决。5 月 27 日，村委会召开村民组长代表、部分老党员会议，会议形成决议将仓库大场补偿给蔡小兴。同日，沙家浜镇政府做出《关于调整蔡小兴户承包地的批复》，同意村委会的调整方案。镇政府做出批复后，又组织人民去现场划地，但此时该场地已被濮吉生等五户种植了毛豆等农作物，划地遭到了阻挠。为此蔡小兴提起诉讼，要求五被告停止侵害，排除妨碍。

【判决】法院审理后认为，原、被告争执的大场场地属于村预留的机动地，五被告对该机动地均无权占用；原告在村委会征用、占用其承包地后，依法有权获得相应补偿，但原告所提供的调整土地手续不符合土地承包法的有关规定，且至今未得到县级政府农业等行政主管部门批准，应认定该调整还未生效，蔡小兴尚未正式取得该地的承包经营权。因此，蔡小兴的诉讼请求无法得到法院的支持，法院驳回了他的诉讼请求。

【评析】我国农村土地承包法明确规定，农村土地承包方案和调整承包地均必须经本集体经济组织成员的村民会议 2/3 以上成员或 2/3 以上村民代表同意。调整承包地需报镇人民政府和县级人民政府农业等行政主管部门批准。蔡小兴户的承包地调整方案既不能证明已经 2/3 以上成员或村民代表同意，又没有主管部门批准手续，败诉也就不足为奇了。

5. 承包方有权收回代耕的土地

【案例】江苏省涟水县农民俞某、屠某是同一村民组农民。俞某自农村实行家庭联产承包责任制时起，就从村集体获得一块 0.9 亩土地的承包经营权。1998 年农村土地二轮承包时，俞某继续承包这块地，并获得了《农村集体土地承包经营权证书》，有效期为 30 年。1999 年，俞某全家外出做生意，将这块承包地交给屠某夫妇代为耕种，并口头约定可随时收回。2004 年，俞某回乡后向屠某夫妇索要这块耕地，但屠某夫妇认为自己耕种这块土地多年，土地承包关系早已发生改变，所以拒绝了俞某的要求。无奈之下，俞某将屠某夫妇告上法庭，要求他们立即退还耕地。

【判决】法院审理后，依法支持了俞某的诉讼请求。

【评析】农村土地承包法规定，耕地的承包期限为 30 年，承包期内发包方不得收回或随意调整承包地。通过家庭承包取得的土地承包经营权可以采取转包、出租、互换、转让或者其他方式流转，流转的主体是承包方，承包方有权依法自主决定土地承包经营权是否流转和流转的方式。承包方如有稳定的非农职业或者有稳定的收入来源的，经发包方同意，可以将全部或者部分土地承包经营权转让给其他从事农业生产经营的农户(双方应签订书面合同)，由该农户同发包方确立新的承包关系，原承包方与发包方在该土地上的承包关系即行终止。

本案中，俞某依法取得了争议土地的承包经营权，因生意繁忙无暇耕种而将承包地临时交给屠某夫妇代为耕种，原、被告之间土地承包经营权的流转属于临时代耕性质，而非经发包方同意后的正式转让，俞某仍是该块土地的承包方，被告屠某夫妇与发包方之间并没有形成新的承包关系。屠某夫妇虽取得了该块土地的耕种、收益的权利，但这种权利只是临时的，原告俞某可以随时收回。

任务二　家庭农场的相关补贴政策

一、种粮直接补贴

我国种粮直接补贴政策于2004年开始实施,该政策的核心就是把原来粮食风险基金中投入流通环节的粮食间接补贴改为对种粮农民的直接补贴。简言之,国家通过改革把原来补给粮食流通环节的钱直接补到农民手里,把原来的“暗补”变成“明补”。该政策主要规定在财政部2004年印发的《实行对种粮农民直接补贴　调整粮食风险基金使用范围的实施意见》以及随后几年颁布的几个规章之中,以下简述该政策的主要内容。

(一)补贴的方式

种粮直接补贴的方式有三:一是按照农村税费改革核定的农业税计税土地面积进行补贴;二是按照核定的计税常年产量进行补贴;三是按照农户实际种植粮食作物的面积进行补贴。三者的区别主要是在确定每个农户享受补贴的商品粮数量时,使用的依据和方法不同。具体而言,粮食直补金额的计算方法为:第一步,以县(市)为单位,按该县(市)前3～5年国有粮食购销企业按保护价收购的农民余粮的平均数,确定各县(市)享受补贴的商品粮数量,如果补贴数量低于前三年平均粮食商品量的70%,应按不低于前三年平均粮食商品量的70%确定应享受补贴的粮食数量;第二步,以农业税计税土地面积为基础,确定每个农户享受补贴的商品粮量,把全县(市)享受补贴的商品粮数量分解到一家一户;第三步,每斤商品粮量的补贴标准按市场价低于保护价的差价核定,全省统一;第四步,每个农户得到补贴额为核定的商品粮量乘以补贴标准。

种粮直补的具体方式由各省根据本省的实际情况自行决定。粮食主产省、自治区(指河北、内蒙古、辽宁、吉林、黑龙江、江苏、安徽、江西、山东、河南、湖北、湖南、四川,下同)原则上按种粮农户的实际种植面积补贴,如采取其他补贴方式,也要剔除不种粮因素,尽可能做到与种植面积接近;其他省(自治区、直辖市)要结合当地实际选择切实可行的补贴方式;具体补贴方式由省级人民政府根据当地实际情况确定。值得注意的是,2014年中央一号文件专门提出了“在有条件的地方开展按实际粮食播种面积或产量对生产者补贴试点,提高补贴精准性、指向性”的要求。每千克商品粮量的补贴标准,由省级人民政府根据本省的市场粮价及对种粮农民保护的目标价格确定并提前公布。具体价格由省级人民政府按照能够补偿粮食生产成本并使种粮农民获得适当收益,有利于保护农民种粮积极性的原则确定。

(二)补贴的范围

粮食主产省、自治区必须在全省、自治区范围内实行对种粮农民进行直接补贴(含国有农场);其他省、自治区、直辖市也要比照粮食主产省、自治区的做法,对粮食主产县(市)的种粮农民实行直接补贴,具体实施范围由省级人民政府根据本省实际情况自行决定。必须坚持粮食直接补贴向产粮大县、产粮大户倾斜的原则。

关于粮食直接补贴的实施范围，有两点需要说明。首先，按照玉米、小麦和稻谷三大粮食品种分类，我国粮食主产区分为玉米主产区、小麦主产区和稻谷主产区。这即是说，我国13个粮食主产省、自治区执行直接补贴的品种是各不相同的。其次，国家制定了种粮直接补贴资金“中央重点向粮食主产区倾斜，省一级重点向粮食主产县倾斜”的政策，因此种粮直接补贴不是普惠制补贴，而且各省选择的补贴范围也有所不同。

(三)补贴的兑付与监管

粮食直接补贴资金兑付工作由乡镇财政所承担，向农民发放《粮食补贴通知书》，解答各种问题。粮食直补资金实行专户管理，直补资金通过省、市、县(市)级财政部门在同级农业发展银行开设的粮食风险基金专户，进行管理；各级财政部门要在粮食风险基金专户下单设粮食直补资金专账，对直补资金进行单独核算；县以下没有农业发展银行的，有关部门要在农村信用社等金融机构开设粮食直补资金专户；要确保粮食直补资金专户管理、封闭运行。对种粮农民直接补贴资金的兑付，要做到公开、公平、公正，每个农户的补贴面积、享受补贴的粮食数量、补贴标准、补贴金额都要张榜公布，接受群众的监督。地方各级财政部门要加强对粮食直补资金的监管，确保直补资金及时兑付到种粮农民手中，禁止集体代领，坚决杜绝截留、挤占、挪用补贴资金现象的发生。

二、良种补贴

(一)农作物良种补贴

农作物良种补贴是中央财政为支持农民(含农场职工，下同)使用良种和调动农民生产积极性、加快农作物良种推广、提高农作物产品品质和产量、提高资金使用效益而提供的资金补贴。这里的农作物良种，是指经国家或省级农作物品种审定委员会审定，适合推广应用，符合农业生产需要和市场前景好的农作物品种。我国中央财政补贴的农作物品种包括水稻小麦、玉米、大豆、油菜、棉花和国家确定的其他农作物品种。2009年，财政部和原农业部联合发布了《中央财政农作物良种补贴资金管理办法》，每年农业农村部办公厅、财政部办公厅都会印发当年中央财政农作物良种补贴项目实施指导意见。

农作物良种补贴政策的主要内容包括：

(1)农作物良种补贴的对象为在农业生产中使用农作物良种的农民。对土地承包人租赁土地给他人种植或由他人代种农作物良种的，按“谁种谁享受补贴”的原则，补贴资金直接发放给承租人或者代种人。

(2)农作物良种补贴范围是国家规定补贴品种的种植区域。全覆盖补贴品种的范围按补贴品种的实际种植面积核定，未全覆盖补贴品种的范围由农业农村部、财政部根据国家政策确定。例如，根据《农业部办公厅、财政部办公厅关于做好2012年中央财政农作物良种补贴项目实施工作的通知》，2012年水稻、小麦、玉米、棉花良种补贴在全国31个省(自治区、直辖市)实行全覆盖；大豆良种补贴在辽宁、吉林、黑龙江、内蒙古4省(自治区)实行全覆盖；油菜良种补贴在江苏、浙江、安徽、江西、湖北、湖南、重庆、四川、贵州、云南及河南信阳、陕西汉中和安康地区实行冬油菜全覆盖；青稞良种补贴在四川、云南、西藏、甘肃、青海等省(自治区)的藏区实行全覆盖;花生良种补贴在河北、辽宁、吉林、江苏、安徽、江西、山东(含青岛)、河南、湖北、广东、广西、四川 12 个省(自治区)实施。

(3)农作物良种补贴标准由财政部、农业农村部根据国家政策确定。例如,2012 年的补贴标准为:小麦、玉米、大豆、油菜、青稞为 10 元/亩;早稻、中稻(一季稻)、晚稻、棉花,以及在新疆维吾尔自治区和新疆生产建设兵团种植的小麦为 15 元/亩;花生良种补贴为大田生产每亩补贴 10 元,良种繁育每亩补贴 50 元。

(4)农作物良种补贴资金采取现金直接补贴和差价供种补贴两种方式。水稻、玉米、油菜采用现金直接补贴方式,具体发放形式由各省按照简单便民的原则自行确定。小麦、大豆、棉花、花生采用现金直接补贴或差价购种补贴方式,采用差价购种补贴的,由省级农业、财政等部门组织良种的统一招标,中标单位实行统一供种,供种单位登记销售清册,购种农民签字确认。

(5)种植面积的核定工作由农民自报面积、核实、公示、确定、汇总上报 5 个环节组成,农户应对自报面积负责。良种补贴资金发放实行村级公示制,公示的内容包括农户良种补贴面积、补贴品种、补贴标准、补贴资金数额等。如存在虚报良种补贴面积的行为,依照《财政违法行为处罚处分条例》等有关法律法规进行处理、处罚和处分。

有必要补充的是,我国自 2007 年开始在海南、云南以及广东等省实施天然橡胶良种补贴项目。天然橡胶良种补贴政策由财政部和农业农村部共同组织实施。补贴资金专项用于天然橡胶良种的补贴,补贴区域是海南、云南、广东等优势植胶区,补贴对象是植胶人,补贴品种是通过省级以上农业部门鉴定并推荐的品种,补贴方式实行实物售价折扣补贴。

《2014 年国家深化农村改革、支持粮食生产、促进农民增收政策措施》中明确:“2014 年,农作物良种补贴政策对水稻、小麦、玉米、棉花、东北和内蒙古的大豆、长江流域 10 个省(市)和河南信阳、陕西汉中和安康地区的冬油菜、藏区青稞实行全覆盖,并对马铃薯和花生在主产区开展试点。小麦、玉米、大豆、油菜、青稞每亩补贴 10 元。其中,新疆地区的小麦良种补贴 15 元;水稻、棉花每亩补贴 15 元;马铃薯一、二级种薯每亩补贴 100 元;花生良种繁育每亩补贴 50 元、大田生产每亩补贴 10 元。水稻、玉米、油菜补贴采取现金直接补贴方式,小麦、大豆、棉花可采取现金直接补贴或差价购种补贴方式,具体由各省(区、市)按照简单便民的原则自行确定。”

(二)畜牧良种补贴

在我国,中央财政向农户提供良种补贴的做法始于畜牧业。2005 年,为促进我国畜牧业发展,加速奶牛品种改良,促进农民增收,提高农业综合生产能力,积极探索财政扶持畜牧业发展的新方式,中央财政设立了奶牛良种补贴试点项目。根据该试点项目,奶牛良种是通过农业农村部审定的特级奶用种公牛的冷冻精液,奶牛良种补贴对象是在项目区饲养奶牛的农户,重点支持农民兴办的奶牛养殖场(小区)。农户养殖的奶牛必须为荷斯坦奶牛;奶牛良种补贴资金实行实物(冻精)补贴方式,补贴标准为每支冻精补贴 10 元。2007 年,中央财政正式设立奶牛良种补贴资金。根据《奶牛良种补贴资金管理暂行办法》,补贴对象是项目区内使用优质种公牛冷冻精液进行品种改良的奶牛养殖者,包括散养户和规模养殖户。补贴品种扩大为奶牛养殖者饲养的具有繁殖能力的荷斯坦牛、奶水牛、褐牛、牦牛等。补贴方式为补贴资金由省级(含计划单列市,下同)财政部门和种公牛站结算;种公牛站供应的冷冻精液价格需经招标采购确定，种公牛站供应给奶牛养殖者的冷冻精液价格为招标价格扣除补贴后的优惠价格；省级财政部门与种公牛站结算时，应根据省级农业(畜牧)部门与种公牛站签订的冻精招标采购合同、种公牛站的供货发票等有关凭证进行结算。补贴标准由财政部和农业农村部根据优质种公牛冷冻精液的需求和供应等情况确定，具体标准在年度项目实施方案中确定。同年，中央财政设立了生猪良种补贴专项资金，财政部、农业农村部专门制定实施了《生猪良种补贴资金管理暂行办法》。其补贴方式与奶牛良种补贴资金大致相同。

2007年以来，我国畜牧业良种补贴的补贴品种范围不断扩大，补贴方式和标准也有所调整。根据农业农村部、财政部《2013年畜牧良种补贴项目实施指导意见》，补贴对象包括项目区内使用良种精液开展人工授精的母猪、奶牛、肉牛养殖场(小区、户)；项目县内存栏能繁母羊30只、牦牛能繁母牛25头以上的养殖户。补贴品种为，生猪补贴品种包括杜洛克猪、长白猪、大约克夏猪等国家批准的引进品种，以及培育品种(配套系)和地方品种；奶牛补贴品种包括荷斯坦牛、娟姗牛、奶水牛、乳用西门塔尔牛、褐牛、牦牛和三河牛等品种；国家批准引进和自主培育的肉牛、绵羊、山羊、牦牛品种，以及优良地方品种。生猪良种补贴按照每头能繁母猪每年使用4份精液，每份精液补贴10元；奶牛良种补贴按照每头能繁母牛每年补贴30元或20元，除了奶水牛外，荷斯坦牛(含娟姗牛)每头能繁母牛每年使用2剂冻精，每剂冻精补贴15元，其他奶牛品种每剂冻精补贴10元，奶水牛每头能繁母牛每年使用3剂冻精，每剂冻精补贴10元；肉牛良种补贴按照每头能繁母牛每年使用2剂冻精，每剂补贴5元；绵羊、山羊种公羊一次性补贴800元/只；牦牛种公牛一次性补贴2 000元/头。

《2014年国家深化农村改革、支持粮食生产、促进农民增收政策措施》明确："2013年投入畜牧良种补贴资金12亿元，主要用于对项目省养殖场(户)购买优质种猪(牛)精液或者种公羊、牦牛种公牛给予价格补贴。生猪良种补贴标准为每头能繁母猪40元；奶牛良种补贴标准为荷斯坦牛、娟姗牛、奶水牛每头能繁母牛30元，其他品种每头能繁母牛20元；肉牛良种补贴标准为每头能繁母牛10元；羊良种补贴标准为每只种公羊800元；牦牛种公牛补贴标准为每头种公牛2 000元。2014年国家将继续实施畜牧良种补贴政策。"

三、农机具购置补贴

我国的农机具购置补贴始于1998年，旨在鼓励和支持农民使用先进农业机械，推进我国农业机械化进程。《中华人民共和国农业机械化促进法》于2004年11月正式实施之后，财政部和原农业部于2005年2月联合发布了《农业机械购置补贴专项资金使用管理暂行办法》，取代原先的《农业机械购置补贴专项资金使用管理办法(试行)》。根据该办法，农业机械购置补贴是指将中央财政预算内的农业机械购置补贴专项资金按一定比例和要求用于补助支持农民个人和直接从事农业生产的农机服务组织购买符合国家农业产业政策、农业可持续发展和环境保护的要求，且经农机鉴定机构检测合格的农业机械的一种财政支持手段。该补贴政策的主要内容包括：

(一)补贴对象

补贴对象是符合补贴条件的农民(农场职工)和直接从事农业生产的农机服务组织。在申请补贴人数超过计划指标时，按照公平、公正、公开的原则，采用公开摇号等农民易于接受的方式确定补贴对象。

(二)中央财政资金的补贴标准

按不超过机具价格的30%进行补贴。每年农机具购置补贴资金的规模由财政部和农业农村部根据实际情况加以确定。

(三)补贴范围

补贴的农业机械应符合国家农业产业政策、农业可持续发展和环境保护的要求,且经农机鉴定机构检测合格。重点补贴对象:①大中型拖拉机等农用动力机械;②农田作业机具,主要包括耕整、种植、植保、收获和秸秆还田等机具;③粮食及农副产品的产后处理机械;④秸秆、饲草加工处理及养殖机械。每年农业农村部根据全国农业发展需要和国家产业政策确定全国补贴机具种类范围,具体目录可通过3个渠道了解:一是中国农业机械化信息网、中国农机推广网和各地农机化信息网;二是在省、市、县各级农机化主管部门或乡镇农机站查询;三是各地农机化主管部门印发的文件、有关报纸杂志、乡村公告等。

(四)补贴机具的购买

①补贴农机具必须向省级农机化主管部门公布的产品经销商购买,此类信息通过网络发布、印发文件、报纸杂志宣传、乡村公告等方式公布;②农民购买补贴机具时,须通过乡镇农机管理机构向县级农机主管部门提出申请,并填写购机申请表;③县级农机主管部门根据《农业机械购置补贴资金使用方案》和优先补贴条件进行审查,确定购机者名单和数量,经张榜公示后,与购机者签订购机补贴协议并报省级农机主管部门和同级财政部门备案,省级农机主管部门根据汇总结果,统一与供货方协商确定供货事宜,并报省级财政部门备案;④购机者购机时可以自主谈价,并应向供货方提交购机补贴协议,按扣除补贴金额后的机具差价款交款提货,供货方出具购机发票;⑤购机后要及时告知县级农机化主管部门核实登记机具,实施牌证管理的还需及时办理牌证。

(五)补贴机具的转卖

享受补贴购买的农机具,原则上两年内不得转卖或转让。因特殊情况需转卖的,需经县级农机化主管部门批准,并报各省级农机化主管部门备案。

《2014年国家深化农村改革、支持粮食生产、促进农民增收政策措施》明确:"2014年,农机购置补贴范围继续覆盖全国所有农牧业县(场),补贴对象为纳入实施范围并符合补贴条件的农牧渔民、农场(林场)职工、农民合作社和从事农机作业的农业生产经营组织。补贴机具种类涵盖12大类48个小类175个品目,在此基础上各省(区、市)可在12大类内自行增加不超过30个其他品目的机具列入中央资金补贴范围。中央财政农机购置补贴资金实行定额补贴,即同一种类、同一档次农业机械在省域内实行统一的补贴标准。一般机具单机补贴限额不超过5万元;挤奶机械、烘干机单机补贴限额可提高到12万元;100马力以上大型拖拉机、高性能青饲料收获机、大型免耕播种机、大型联合收割机、水稻大型浸种催芽程控设备单机补贴限额可提高到15万元;200马力以上拖拉机单机补贴限额可提高到25万元;甘蔗收获机单机补贴限额可提高到20万元,广西壮族自治区可提高到25万元;大型棉花采摘机单机补贴限额可提高到30万元，新疆维吾尔自治区和新疆生产建设兵团可提高到40万元。不允许对省内外企业生产的同类产品实行差别对待。同时在部分地区开展农机深松整地作业补助试点工作。”

此外，与农机购置补贴密切相关还有农机报废更新补贴。

四、其他补贴

例如，2012年2月，中央财政拨付农业防灾减灾、稳产增产关键技术良法补助资金，将原先应急启动的骨干性防灾减灾技术服务，以及大棚育秧、地膜覆盖等补助政策常态化。同年3月，原农业部办公厅下发了《关于做好东北水稻大棚育秧、南方旱稻集中育秧和小麦“一喷三防”中央财政补助资金落实工作的通知》。2013年4月，原农业部办公厅又下发了《关于做好南方水稻集中育秧和东北水稻大棚育秧补助资金落实工作的通知》。

五、案例与知识链接

1. 农业支持保护补贴

2015年，国家启动农业“三项补贴”改革，将种粮直补、农资综合补贴、良种补贴合并为农业支持保护补贴。政策目标调整为支持耕地地力保护和粮食适度规模经营。主要调整措施：一是将80%的农资综合补贴存量资金，加上种粮农民直接补贴和农作物良种补贴资金，用于耕地地力保护。补贴对象为所有拥有耕地承包权的种地农民，享受补贴的农民要做到耕地不撂荒，地力不降低。补贴资金与耕地面积或播种面积挂钩，对已作为畜牧养殖场使用的耕地、林地、成片粮田转为设施农业用地、非农业征（占）用耕地等已改变用途的耕地，以及长年抛荒地、占补平衡中“补”的面积和质量达不到耕种条件的耕地等不再给予补贴。二是将20%的农资综合补贴存量资金，加上种粮大户补贴资金和农业“三项补贴”增量资金，支持发展多种形式的粮食适度规模经营，重点支持建立完善农业信贷担保体系，向种粮大户、家庭农场、农民合作社、农业社会化服务组织等新型经营主体倾斜，体现“谁多种粮食，就优先支持谁”。

以下为农业支持保护补贴具体案例。

（1）湖南省农委发布《关于做好2016年度家庭农场项目申报工作的通知》，计划新增扶持3 000户家庭农场，每户家庭农场按实际耕地面积每亩100元标准补贴（每户最高不超2万元）。

（2）吉林延边家庭农场补贴政策：对家庭农场贷款贴息；注册登记的家庭农场可享受到各项国家农业财政补贴政策；对水田、蔬菜和经济作物种植面积50公顷以上、旱田100公顷以上的家庭农场，扩大到一次性享受5台农机购置补贴；对家庭农场农作物保险给予补贴。

（3）江苏铜山家庭农场补贴政策：对效益好的家庭农场给予3万～5万元的奖励；对年销售业绩100万元以上的家庭农场，给予实际销售收入1%的奖励，最高不超过5万元。

(4)安徽宿州家庭农场补贴政策：家庭农场连片流转土地100亩以上的，每亩奖补200元，连补3年，分年度兑现；对从事设施农业、养殖、特色种植等产业被认定为中小型和大型家庭农场的，分别给予一次性奖补3万元和5万元。

2.2016年原农业部养猪补贴政策介绍

养猪补贴政策是国家加大扶持力度的手段，使养殖场(户)直接或间接拿到补助资金，同时也期望能通过补贴引导养猪业向更健康的方向发展。2015年我国的农业补贴出现了新的变化，国家决定一改之前普惠制的补贴方式，更倾向于给种养大户、家庭农场、合作社、规模企业等集中提供补贴，养猪补贴也随之有所变化。2016年国家实行52项落实发展新理念，加快农业现代化，促进农民持续增收的政策措施，其中涉及养猪行业的有7项。

(1)农机购置补贴政策　其中与养猪行业有关的主要有1项，高性能青饲料收获机单机补贴额不超过15万元。

(2)生猪调出大县奖励政策　2015年中央财政安排生猪(牛、羊)调出大县奖励资金35亿元。2016年继续实施。奖励资金管理坚持"引导生产、多调多奖、责权对等、注重绩效"的原则。生猪(牛、羊)调出大县奖励资金包括生猪调出大县奖励资金、牛羊调出大县资金和省级统筹奖励资金三个部分。

生猪(牛、羊)调出大县奖励资金按因素法分配到县，分配因素包括过去三年年均生猪(牛羊)调出量、出栏量和存栏量，因素权重分别为50%、25%、25%，奖励资金对生猪调出大县前500名给予支持。支持范围包括：生猪(牛、羊)生产环节的圈舍改造、良种引进、污粪处理、防疫、保险以及流通加工环节的冷链物流、仓储、加工设施设备等方面的支出。

(3)"粮改饲"支持政策　2015年，国家启动实施"粮改饲"试点工作，中央财政投入资金3亿元，在河北、山西、内蒙古、辽宁、吉林、黑龙江、陕西、甘肃、宁夏和青海10省区，选择30个牛羊养殖基础好、玉米种植面积较大的县开展以全株青贮玉米收储为主的粮改饲试点工作。2016年，国家将继续实施粮改饲试点项目，并进一步增加资金投入，扩大实施范围。

(4)畜牧良种补贴政策　从2005年开始，国家实施畜牧良种补贴政策。2015年投入畜牧良种补贴资金12亿元，2016年国家继续实施畜牧良种补贴政策。主要用于对项目省养殖场(户)购买优质种猪或种猪精液给予价格补贴。生猪良种补贴标准为每头能繁母猪40元。

(5)动物防疫补助政策　2016年7月，原农业部、财政部发布关于调整完善动物疫病防控支持政策的通知，我国动物防疫补助政策主要包括5个方面：

一是重大动物疫病强制免疫疫苗补助政策。国家对高致病性禽流感、口蹄疫、小反刍兽疫等动物疫病实行强制免疫政策。强制免疫疫苗由省级财政部门会同省级畜牧兽医行政主管部门统一组织招标采购。上述重大动物疫病强制免疫疫苗经费由中央财政和地方财政按比例分担，养殖场(户)无须支付疫苗费用。

二是动物疫病强制扑杀补助政策。国家继续对口蹄疫、高致病性禽流感和小反刍兽疫实施强制免疫和强制扑杀。扑杀补助标准：猪 800 元/头。

三是基层动物防疫工作补助政策。补助经费主要用于支付村级防疫员从事畜禽强制免疫等基层动物防疫工作的劳务补助。

四是养殖环节病死猪无害化处理补助政策。对养殖环节病死猪无害化处理给予每头 80 元的补助，由中央和地方财政分担，中央财政对一、二、三类地区分别给予 60 元、50 元、40 元补助，地方财政分别承担 20 元、30 元、40 元。

五是生猪定点屠宰环节病害猪无害化处理补贴政策。对屠宰环节病害猪损失和无害化处理费用予以补贴，病害猪损失财政补贴标准为每头 800 元，无害化处理标准为每头 80 元，补助经费由中央和地方财政共同承担。中央负担部分采取一般转移支付方式定额拨付地方。

(6)种养业废弃物资源化利用支持政策　2016 年中央一号文件明确提出继续实施种养业废弃物资源化利用。

补贴标准：2015 年，中央财政安排 1.8 亿元用于开展畜禽粪便资源化利用试点项目；安排 1.4 亿元用于实施农业综合开发秸秆养畜项目，带动全国秸秆饲料化利用 2.2 亿吨。2016 年继续照此执行。

补贴范围：河北、内蒙古、江苏、浙江、山东、河南、湖南、福建、重庆 9 省(区、市)。

资金用于：对畜禽粪便综合处理利用的主体工程、设备(不包括配套管网及附属设施)及其运行进行补助。通过项目实施，探索形成能够推广的畜禽粪便等农业农村废弃物综合利用的技术路线和商业化运作模式。

(7)农业保险支持政策　目前，中央财政提供农业保险保费补贴的品种共 15 个。2015 年，保监会、财政部、原农业部联合下发《关于进一步完善中央财政保费补贴型农业保险产品条款拟定工作的通知》，推动中央财政保费补贴型农业保险产品创新升级，在几个方面取得了重大突破。其中涉及养殖业的主要有三点：

一是扩大保险范围。养殖业保险将疾病、疫病纳入保险范围，并规定发生高传染性疾病政府实施强制扑杀时，保险公司应对投保户进行赔偿(赔偿金额可扣除政府扑杀补贴)。

二是提高保障水平。要求保险金额覆盖饲养成本，鼓励开发满足新型经营主体的多层次、高保障产品。

三是降低理赔门槛。要求能繁母猪、生猪、奶牛等按头(只)保险的大牲畜保险不得设置绝对免赔。

任务三　家庭农场的相关金融政策

一、农村金融服务

农业金融是指农村货币资金的融通，它是以资金为实体、信用为手段、货币为表现形式的农村资金运动、信用活动和货币流通三者的统一。农业金融政策是指国家运用金融手段控制、调节农业经济活动所遵循的准则和方略。其基本目标是通过资金的回笼和投放，调节农业生产的发展和农产品的供给。

《中华人民共和国农业法》第四十五条规定，国家建立健全农村金融体系，加强农村信用制度建设，加强农村金融监管。有关金融机构应当采取措施增加信贷投入，改善农村金融服务，对农民和农业生产经营组织的农业生产经营活动提供信贷支持。农村信用合作社应当坚持为农业、农民和农村经济发展服务的宗旨，优先为当地农民的生产经营活动提供信贷服务。国家通过贴息等措施，鼓励金融机构向农民和农业生产经营组织的农业生产经营活动提供贷款。

(一)农业金融政策的主要手段

1. 宏观层面的主要手段

(1)构建农业金融体系　许多国家(地区)通过发展多元的农业金融主体，拓宽农业金融渠道来保障农业金融。这些金融主体通常包括政府组建的政策性金融机构、商业性金融机构、农业合作金融组织等。

(2)健全农业金融体制　为提高农业金融服务效率，应充分发挥农业金融政策的功能，不断改革和健全农业金融体制，如改善农业政策性金融机构的经营管理水平、促进各农业金融机构之间形成良好的分工合作与竞争关系。

(3)拓宽农业金融资金筹集通道　为增加农业金融资金，单靠政府财政资金是有限的，为此要注重开辟较新的农业金融资金筹集渠道，如利用金融市场发行金融债券、利用国外金融机构吸收国外资本等。

2. 操作层面的主要手段

(1)农业金融规模政策　农业金融规模也叫农业金融总量，通过对农业金融资金总量的调控，使得农业金融总量稳定在一个适宜的水平上，从而与国民经济的发展相适应。常用的调整农业金融规模的手段有农业法定存款准备金率。收缩信用规模时，中央银行会提高法定存款准备金率；反之，则会降低。采用何种形式的农业金融政策不仅取决于农业本身法制化状况和国家产业政策，而且取决于整个国民经济的形势和国家金融规模、金融结构的总政策。

(2)农业金融优惠政策　主要包括利率调整、贴息、提供担保和债务豁免等。

利率政策：主要包括两方面，一方面通过低利率政策来促进农业金融活动，从而促进农业经济的发展；另一方面通过差别利率政策来调节农业金融活动，优化农业生产结构，合理配置农业资源。

贴息政策：一般来说，贴息政策是由政府与银行协议发放的，对农民或农业单位取得贷款提供一部分的利息补贴，从而降低银行的贷款成本。通过贴息政策可以引导更多的金融资金投向农业，是政府筹措农业资金扶持农业生产的有效措施之一。

提供担保：农业经营者一般经营资本数额较小，并且承担着来自市场和自然条件的双重风险，因此“信誉”较低，不易在商业银行中获得贷款。因此，为了帮助农业经营者解决资金不足的困难，政府可以用自身的信誉为农民提供担保。

债务豁免：在农业经营者遇到天灾或其他不可抗力因素影响时，可能无法按期偿还债务，对于此种情形，政府为其豁免债务，减轻农业经营者的负担，维持农业再生产，由此给银行带来的损失由国家财政给予补偿。

（二）我国的农业金融政策

我国的农业金融政策由农村产业贷款政策、农村区域贷款政策和农村贷款利率政策等共同组成。

农村产业贷款政策是指依据国家农村产业政策和农村发展计划制定的金融扶持的产业和产品序列，对农村金融机构在贷款投向和投量方面进行规范和引导，以调整农业发展方向，推动农业产业结构合理化所制定的相关政策。目前，我国在农村产业贷款政策方面遵循的主要原则是：扶持第一产业的法制化，发展以农副产品加工为主导的农村第二产业，推动以农产品产前、产中、产后"一条龙"服务为主的农村第三产业的发展。

农村区域贷款是指以经济区域为对象，按照各个经济区域的经济特点以及发展方向，确定农村贷款的贷款投向、投量、利率等内容的贷款政策。目前我国区域贷款政策的主要指导思想是：在经济发达及开放地区，农业贷款政策的重点是要支持创汇农业市场竞争力的特色产品，同时应利用当地旅游资源发展第三产业。在大、中城市郊区，农业贷款政策重点是要支持都市现代农业的发展。在国家重点农业产区，农业贷款政策的重点是要支持重点农业区利用各自的自然资源，同时应发展农业生产，逐步建设成为各具特色、现代化的农产品生产基地。在贫困地区，主要是帮助当地群众解决温饱问题。

农村贷款利率政策是指充分发挥贷款利率的杠杆作用，调节农业贷款的投向、投量和贷款期限，以促进农村经济发展的原则和措施的总称。我国目前农村贷款利率的主要调控措施包括实行差别利率，实行浮动利率，优惠利率和加息、罚息利率并存等。

我国农业金融政策对农业发展的作用越来越明显，这一方面表现在农业金融为农业的发展提供了大量资金。另一方面，我国农业金融体系已经逐步建立和完善，支持范围涉及农业的各个领域。

（三）我国农村金融组织体系

我国农村金融组织体系如图 2-4 所示。

1. 政策性金融机构

农业发展银行是我国农村金融组织体系中的政策性银行。它成立于 1994 年，实行自主经营，独立核算，其主要职责是根据国家有关政策文件，发挥农业政策性功能，定位于服务农业、农村经济发展，合理引导信贷资金支农的正确投向。政策性金融是国家保障弱势群体金融发展权和金融平等权的特殊制度安排，在我国农业产业化转型的发展中，政策性金融的功能主要体现为政策性、优惠性和补充性三个方面。

政策性是指政府为调整、鼓励现代农业的发展而采取一定的政策引导；优惠性是指通常给予农业在贷款利率、贷款期限和融资条件上一定的优于普通商业银行的支持；补充性则是指政策性金融基本上是对现有商业性金融的弥补和完善，即它的服务领域一般是商业性金融机构不能或不愿开展的中长期资金信贷服务。

2. 商业性金融机构

中国农业银行和中国邮政储蓄银行属于农村金融组织体系的商业金融机构。中国农业

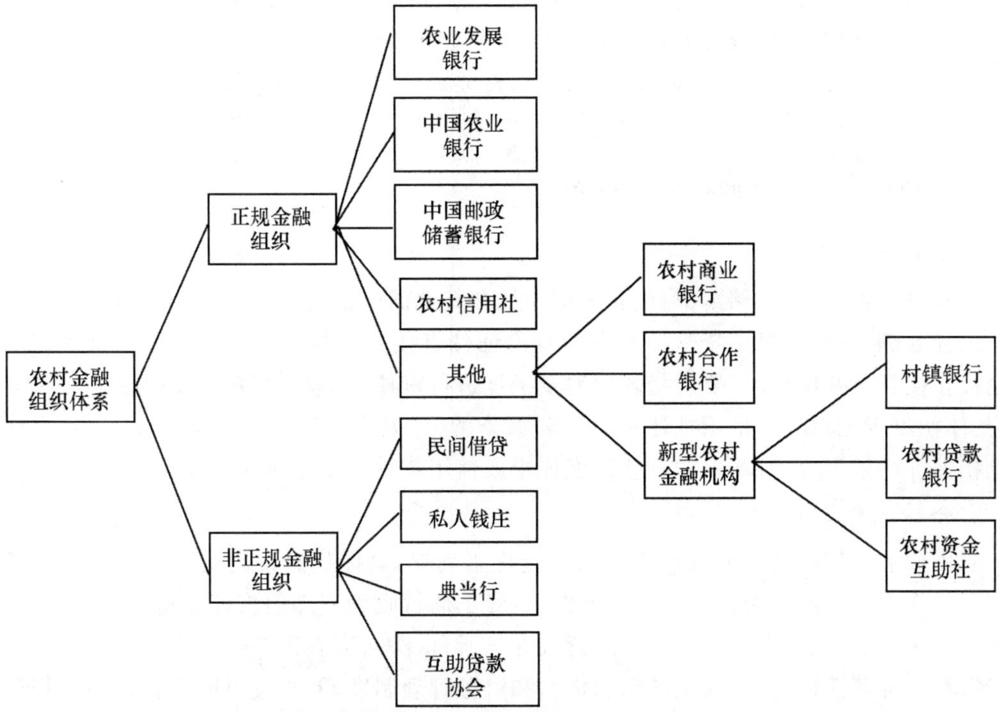

图 2-4　我国农村金融组织体系

银行成立于 1951 年，1996 年与农村信用社脱离了行政隶属关系，2009 年改制成为现代化股份制商业银行。“面向‘三农’、服务城乡”的使命要求以及“三农”金融事业部使农业银行在“三农”金融业务服务领域起到重要的作用，成为在农村占据主导地位的国有商业银行。

中国邮政储蓄银行成立于 2007 年，是在邮政储蓄改革的基础上组建起来的定位于服务“三农”、服务小微企业、服务社区的大型零售商业银行。相比其他商业银行，农户小额贷款业务是其面向农户发放的供种植、养殖、农产品加工及其他农业生产经营所需的短期贷款支持，包括农户联保贷款和农户保证贷款两种类型，极大地填补了农户金融服务需求的“空白区”，满足了农户的贷款资金需求。

3. 合作性金融机构

农村信用社（简称农信社）、农村商业银行（简称农商行）、农村合作银行（简称农合行）是我国三种农村合作性的金融组织。农村信用社从 1951 年开始构建，于 20 世纪 90 年代逐步脱离中国农业银行，至今已经有 60 多年的发展历程。在不断改善服务方式、创新金融产品、有针对地向“三农”倾斜的努力下，成为扎根于农村、服务于农业的地方性农村金融机构主力军。农商行和农合行是在农信社的基础上建立起来的，其网点多且机构分布较广，填补了部分农村地区的金融空白，也承担了部分国家政策的补助资金发放等工作，为“三农”的发展做出了贡献。

4. 新型农村金融机构

我国新型农村金融机构从 2007 年开始兴建，主要包括村镇银行、农村贷款公司、农村资金互助社等。随着 2006 年银监会对农村银行业金融机构实施宽松的准入政策，并大力支持银行业金融机构与民间资本合作投资共同设立村镇银行,全国的村镇银行试点工作逐步开展。同时,在有金融发展潜力的地方适当成立小额贷款公司,在经济相对落后、封闭的地方组建社区互助性的农村资金互助社,扩大了农村金融机构在农村地区的覆盖面,其经营方式灵活简单,极大地促进了农村经济的发展。

(四)我国农村金融贷款主要类型

1. 小额贷款

中国农业银行、邮政储蓄银行、农村信用社和其他商业银行均开展小额信贷业务。以农村信用社为例,农户可以持贷款证及有效身份证件直接到农村信用社申请办理贷款。农村信用社在接到贷款申请时,要对贷款用途及额度进行审核,一般贷款额度控制在5万～10万元,具体额度因地而异。信用社还有农民联保贷款,三五户农民组成联保小组,相互为彼此贷款担保。一般来说,有联保的贷款额度比个人信用贷款额度相对高一些。

2. 合作社贷款

农民专业合作社及其成员贷款可以享受优惠利率,具体优惠幅度由各地结合当地情况确定。成立农民专业合作社需具备的条件有:经工商行政管理部门核准登记、取得农民专业合作社法人营业执照;有固定的生产经营服务场所;依法从事农民专业合作社章程规定的生产、经营、服务等活动;具有健全的组织机构和财务管理制度;能够按时向农村信用社报送有关材料;在申请贷款的银行开立存款账户;自愿接受信贷监督和结算监督;无不良贷款及欠息;银行规定的其他条件。

3. 家庭农场贷款

涉农金融机构对家庭农场贷款额度最高为1 000万元,除了满足购买农业生产资料等流动资金需求外,还可以用于农田基础设施建设和支付土地流转费用,贷款期限最长可达10年。

4. 土地经营权抵押贷款

农村土地承包经营权抵押贷款是指以承包土地的经营权作抵押,由银行业金融机构向符合条件的承包方农户或农业经营主体发放的在约定期限内还本付息的贷款。土地贷款需提交的资料有:身份证明或其他证明材料;土地经营权权属证明资料;农村土地经营权抵押登记申请书;农村土地经营权抵押登记证;土地经营权抵押承诺书;抵押贷款申请书;银行要求的其他材料。

5. 林权抵押贷款

贷款人开展林权抵押贷款业务,要建立抵押财产价值评估,对抵押林权进行价值评估。对于贷款金额在30万元以下的林权抵押贷款项目,贷款人要参照当地市场价格自行评估,不得向借款人收取评估费。抵押贷款程序如下:①权利人提交新版《林权证》;②权利人提交书面抵押申请(内容包括个人基本情况、林权情况、贷款额、资信证明等);③权利人是个人的,提交个人身份证复印件,权利人是单位的,提交法人身份证复印件和单位资质证明复印件;④乡镇林业站在书面抵押申请上签署初审意见;⑤县林业规划调查设计队进行现场评估,制作评估报告;⑥提供金融部门的贷款协议;⑦金融部门提供单位注册复印件和法人身份证复印件;⑧缴费,办理他项权证。

6. 农房抵押贷款

2015年中央发布农房抵押贷款的全国性指导文件，农房抵押贷款因此备受关注。农房抵押贷款流程如下：①贷款人获得农房产权证；②向银行业金融机构提出贷款申请；③双方实地确认房产价值；④签订抵押合同；⑤村委会同意集体土地上房屋抵押登记的证明；⑥房屋抵押权登记；⑦贷款发放。参考抵押物的市场价值、变现能力等，确定贷款抵押率，一般为抵押房产评估价值的50％～70％；贷款期限以短期(1年以内)为主，利率根据贷款人信用等级、经营状况而定，一般在基准利率基础上上浮50％，特别优质的客户可以适当下调。

二、家庭农场信贷服务

从事农业规模化、集约化、商品化生产经营，是家庭农场的显著特征之一，这就使家庭农场的金融需求具有以下三方面的特点。其一，融资需求额度普遍较大。随着农业生产的规模化经营，家庭农场的融资缺口也不断放大，主要表现在融资额度的增幅较大。其二，融资期限逐渐多元化。相比农户主要以短期融资需求为主，家庭农场对融资期限的要求更加多元化，既有季节性较强的短期融资需求，又有较大规模的中长期融资需求。其三，融资用途日趋多元化。目前，我国已进入加快改造传统农业、挺进特色农业的发展期，农业产业链条上的生产、加工、贮藏、销售等诸多环节都需要信贷支持，贷款用途开始由单纯的传统种养殖需求向生产、经营与消费多元化需求转变。

如何满足上述金融需求，促进家庭农场发展，是关系到加快推进农业现代化、促进城乡统筹发展和实现“四化同步”目标的重大课题。为了扎实做好家庭农场等新型农业经营主体的金融服务，2014年2月13日，中国人民银行发布《关于做好家庭农场等新型农业经营主体金融服务的指导意见》，家庭农场信贷服务的支持性举措主要包括以下几个方面。

(一)切实加大对家庭农场等新型农业经营主体的信贷支持力度

各银行业金融机构对经营管理比较规范、主要从事农业生产、有一定生产经营规模、收益相对稳定的家庭农场等新型农业经营主体，应采取灵活方式确定承贷主体，按照“宜场则场、宜户则户、宜企则企、宜社则社”的原则，简化审贷流程，确保其合理信贷需求得到有效满足。重点支持新型农业经营主体购买农业生产资料、购置农机具、受让土地承包经营权、从事农田整理、农田水利、大棚等基础设施建设维修等农业生产用途，发展多种形式规模经营。

(二)合理确定贷款利率水平，有效降低融资成本

对于符合条件的家庭农场等新型农业经营主体贷款，各银行业金融机构应从服务现代农业发展的大局出发，根据市场化原则，综合调配信贷资源，合理确定利率水平。对于地方政府出台了财政贴息和风险补偿政策以及通过抵质押或引入保险、担保机制等符合条件的新型农业经营主体贷款，利率原则上应低于本机构同类、同档次贷款利率平均水平。各银行业金融机构在贷款利率之外不应附加收费，不得搭售理财产品或附加其他变相提高融资成本的条件，切实降低新型农业经营主体融资成本。

(三)适当延长贷款期限，满足农业生产周期实际需求

对日常生产经营和农业机械购买需求，提供1年以内短期流动资金贷款和1～3年中长期流动资金贷款支持；对于受让土地承包经营权、农田整理、农田水利、农业科技、农业社会化服务体系建设等，可以提供3年以上农业项目贷款支持；对于从事林木、果业、茶叶及林下经济等生长周期较长作物种植的，贷款期限最长可为10年，具体期限由金融机构与借款人根据实际情况协商确定。在贷款利率和期限确定的前提下，可适当延长本息的偿付周期，提高信贷资金的使用效率。对于林果种植等生产周期较长的贷款，各银行业金融机构可在风险可控的前提下，允许贷款到期后适当展期。

(四)合理确定贷款额度，满足农业现代化经营资金需求

各银行业金融机构要根据借款人生产经营状况、偿债能力、还款来源、贷款真实需求、信用状况、担保方式等因素，合理确定新型农业经营主体贷款的最高额度。原则上，从事种植业的专业大户和家庭农场贷款金额最高可以为借款人农业生产经营所需投入资金的70%，其他专业大户和家庭农场贷款金额最高可以为借款人农业生产经营所需投入资金的60%。家庭农场单户贷款原则上最高可达1 000万元。鼓励银行业金融机构在信用评定基础上对农民合作社示范社开展联合授信，增加农民合作社发展资金，支持农村合作经济发展。

(五)加快农村金融产品和服务方式创新，积极拓宽抵质押担保物范围

各银行业金融机构要加大农村金融产品和服务方式创新力度，针对不同类型、不同经营规模家庭农场等新型农业经营主体的差异化资金需求，提供多样化的金融产品和服务，如表2-1所示。

表2-1　不同类型、不同规模家庭农场的金融产品和服务情况

类型	金融产品和服务方式
种植粮食类	农机具抵押、存货抵押、大额订单质押、涉农直补资金担保、土地流转收益保证贷款等业务
经济作物类	蔬菜大棚抵押、现金流抵押、林权抵押、应收账款质押贷款等金融产品
畜禽养殖类	厂房抵押、畜禽产品抵押、水域滩涂使用权抵押贷款业务
产业化程度高	“新型农业经营主体＋农户”等供应链金融服务
资信情况良好、资金周转量大	信用贷款

表2-1反映的是我国各银行业金融机构对不同类型和规模的家庭农场给予的多样化融资方案。对于种植粮食类的家庭农场，应重点开展农机具抵押、存货抵押、大额订单质押、涉农直补资金担保、土地流转收益保证贷款等业务，探索开展粮食生产规模经营主体营销贷款创新产品；对于种植经济作物类的家庭农场，要探索蔬菜大棚抵押、现金流抵押、林权抵押、应收账款质押贷款等金融产品；对于畜禽养殖类的家庭农场，要重点创新厂房抵押、畜禽产品抵押、水域滩涂使用权抵押贷款业务；对产业化程度高的家庭农场，要开展“新型农业经营主体＋农户”“公司＋新型农业经营主体＋农户”等供应链金融服务；对资信情况良好且资金周转量大的家庭农场，要积极发放信用贷款。人民银行各分支机构要根据中央统一部署，主

动参与制订辖区试点实施方案，因地制宜，统筹规划，积极稳妥推动辖内农村土地承包经营权抵押贷款试点工作，鼓励金融机构推出专门的农村土地承包经营权抵押贷款产品，配置足够的信贷资源，创新开展农村土地承包经营权抵押贷款业务。

（六）加强农村金融基础设施建设，努力提升综合金融服务水平

进一步改善农村支付环境，鼓励各商业银行大力开展农村支付业务创新，推广 POS 机、网上银行、电话银行等新型支付业务，多渠道为家庭农场提供便捷的支付结算服务。支持农村粮食、蔬菜、农产品、农业生产资料等各类专业市场使用银行卡、电子汇划等非现金支付方式。探索依托超市、农资站等组建村组金融服务联系点，深化银行卡助农取款服务和农民工银行卡特色服务，进一步丰富村组的基础性金融服务种类，完善农村支付服务政策扶持体系。持续推进农村信用体系建设，建立健全对家庭农场、专业大户、农民合作社的信用采集和评价制度，鼓励金融机构将新型农业经营主体的信用评价与信贷投放相结合，探索将家庭农场纳入征信系统管理，将家庭农场主要成员一并纳入管理，支持守信家庭农场融资。

（七）切实发挥涉农金融机构在支持新型农业经营主体发展中的作用

农业发展银行要围绕粮、棉、油等主要农产品的生产、收购、加工、销售，通过“产业化龙头企业＋家庭农场”等模式促进新型农业经营主体做大做强。积极支持农村土地整治开发、高标准农田建设、农田水利等农村基础设施建设，改善农业生产条件。中国农业银行要充分利用作为国有商业银行“面向‘三农’”的市场定位和“‘三农’金融事业部”改革的特殊优势，创新完善针对新型农业经营主体的贷款产品，探索服务家庭农场的新模式。邮政储蓄银行要加大对“三农”金融业务的资源配置，进一步强化县以下机构网点功能，不断丰富针对家庭农场等新型农业经营主体的信贷产品。农村商业银行、农村信用社等涉农金融机构要增强支农服务功能，加大对新型农业经营主体的信贷投入。农业发展银行、农业银行、邮政储蓄银行和农村信用社等涉农金融机构要积极探索支持新型农业经营主体的有效形式，可选择部分农业生产重点省份的县（市），提供“一对一服务”，重点支持一批家庭农场等新型农业经营主体发展现代农业。其他涉农银行业金融机构及小额贷款公司，也要在风险可控的前提下，创新信贷管理体制，优化信贷管理流程，积极支持新型农业经营主体发展。

（八）综合运用多种货币政策工具，支持涉农金融机构加大信贷投入

人民银行各分支机构要综合考虑差别准备金动态调整机制有关参数，引导地方法人金融机构增加县域资金投入，加大对家庭农场等新型农业经营主体的信贷支持。对于支持新型农业经营主体信贷投放较多的金融机构，要在发放支农再贷款、办理再贴现时给予优先支持。通过支农再贷款额度在地区间的调剂，不断加大对粮食主产区的倾斜，引导金融机构增加对粮食主产区新型农业经营主体的信贷支持。

（九）创新信贷政策实施方式

人民银行各分支机构要将新型农业经营主体金融服务工作与农村金融产品和服务方式创新、农村金融产品创新示范县创建工作有机结合，推动涉农信贷政策产品化，力争做到“一行一品”，确保政策落到实处。充分发挥县域法人金融机构新增存款一定比例用于当地贷款考核政策的引导作用，提高县域法人金融机构支持新型农业经营主体的意愿和能力。深入开展涉农信贷政策导向效果评估，将新型农业经营主体的信贷投放情况纳入信贷政策导向效果评估，以评估引导带动金融机构支持新型农业经营主体发展。

（十）拓宽家庭农场等新型农业经营主体多元化融资渠道

对经工商注册为有限责任公司、达到企业化经营标准、满足规范化信息披露要求且符合债务融资工具市场发行条件的新型家庭农场，可在银行间市场建立绿色通道，探索公开或私募发债融资。支持符合条件的银行发行金融债券专项用于"三农"贷款，加强对募集资金用途的后续监督管理，有效增加新型农业经营主体信贷资金来源。鼓励支持金融机构选择涉农贷款开展信贷资产证券化试点，盘活存量资金，支持家庭农场等新型农业经营主体发展。

（十一）加大政策资源整合力度

人民银行各分支机构要积极推动当地政府出台对家庭农场等新型农业经营主体贷款的风险奖补政策，切实降低新型农业经营主体融资成本。鼓励有条件的地区由政府出资设立融资性担保公司或在现有融资性担保公司中拿出专项额度，为新型农业经营主体提供贷款担保服务。各银行业金融机构要加强与办理新型农业经营主体担保业务的担保机构的合作，适当扩大保证金的放大倍数，推广"贷款＋保险"的融资模式，满足新型农业经营主体的资金需求。推动地方政府建立农村产权交易市场，探索农村集体资产有序流转的风险防范和保障制度。

（十二）加强组织协调和统计监测工作

人民银行各分支机构要加强与地方政府有关部门和监管部门的沟通协调，建立信息共享和工作协调机制，确保对家庭农场等新型农业经营主体的金融服务政策落到实处。要积极开展对辖区内各经办银行的业务指导和统计分析，按户、按金融机构做好家庭农场等新型农业经营主体金融服务的季度统计报告，动态跟踪辖区内新型农业经营主体金融服务工作进展情况。同时要密切关注主要农产品生产经营形势、供需情况、市场价格变化，防范新型农业经营主体信贷风险。

三、农业保险政策

我国农业发展之初，多以分散型农户经营为主，家庭农场等农业大户比较缺乏，个体农户的生产行为相对保守，难以进行规模化生产，导致我国农业经济发展受阻。自 2007 年农业保险正式实施保费补贴试点以来，强力刺激了农民的生产积极性，有力引导农户逐步扩大种植规模。另一方面，逐步形成生产规模的农户，在产业化经营中对农业保险也提出了更多的要求。农业保险对农业生产经营的作用可用图 2-5 解释说明。

（一）农业保险概述

从经济角度看，保险是分摊意外事故损失的一种财务安排；从法律角度看，保险是一种合同行为，是一方同意补偿另一方损失的一种合同安排；从社会角度看，保险是社会经济保

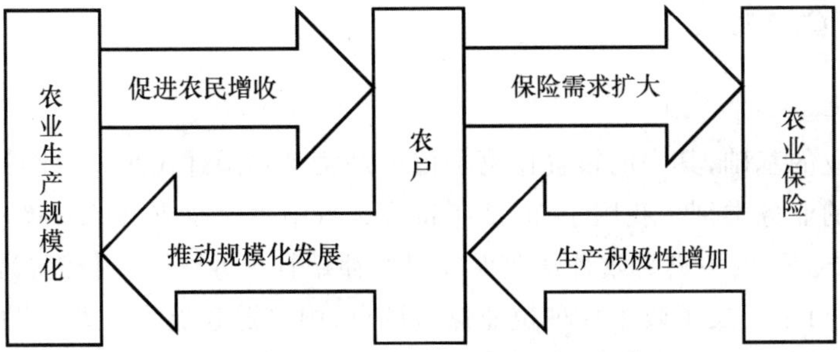

图 2-5　农业保险对农业生产经营的作用

障制度的重要组成部分，是社会生产和社会生活的“精巧的稳定器”；从风险管理角度看，保险是风险管理的一种方法。根据《中华人民共和国保险法》，保险是指投保人根据合同约定向保险人支付保险费，保险人对于合同约定的可能发生的事故因其发生所造成的财产损失承担赔偿保险金责任，或者当被保险人死亡、伤残、疾病或者达到合同约定的年龄、期限时承担给付保险金责任的保险行为。

为了保护农业保险活动当事人的合法权益，提高农业生产抗风险能力，促进农业保险事业健康发展，根据《中华人民共和国保险法》《中华人民共和国农业法》等法律，2012 年 10 月 24 日国务院第 222 次常务会议通过了《农业保险条例》，自 2013 年 3 月 1 日起施行。根据《农业保险条例》规定，农业保险是指保险机构根据农业保险合同，对被保险人在种植业、林业、畜牧业和渔业生产中因保险标的遭受约定的自然灾害、意外事故、疫病、疾病等保险事故所造成的财产损失，承担赔偿保险金责任的保险活动。《农业保险条例》中提到的保险机构，是指保险公司以及依法设立的农业互助保险等保险组织。

需要指出的是，农业保险包括政策性农业保险和商业性农业保险。政策性农业保险是为实现政府的特定目标而对农户发放保费补贴以支持农业发展；商业性农业保险的经营性质是以营利为首要目标，农户需支付的保费较高。通过表 2-2 可以直观地了解政策性、商业性农业保险的区别。

表 2-2　政策性农业保险与商业性农业保险的区别

项目	政策性农业保险	商业性农业保险
依据文件	根据相关政策目标	根据市场条件或商业目标
经营目的	非营利性	营利性
运作方式	政府参与经营	商业保险机构独立经营
保险范围	相对较宽	相对较窄
强制性	有强制性	无强制性

《农业保险条例》第一章第三条规定：“国家支持发展多种形式的农业保险，健全政策性农业保险制度。”目前，我国的农业保险主要是政策性农业保险，商业性农业保险并不多见。以下所谈到的农业保险也是指政策性农业保险，其含义可以概括为政府从国家的宏观经济利益出发，对关系国计民生的农业实施保护政策，运用商业保险的原理并给予扶持政策而开办的农业保险。

（二）农业保险的类型

1. 种植业保险

种植业是农业的基础，其中的粮食作物种植更是关系到国计民生，因此种植业保险是农业保险中最重要的业务类别。我国于2007年正式试点中央财政支持的政策性种植业保险，2008年财政部正式下发《中央财政种植业保险保费补贴管理办法》。到目前为止，全国31个省、自治区和直辖市都开展了政策性种植业保险试点，中央财政提供保费补贴的种植业险种的保险标的作物类别为11种，即水稻、玉米、小麦、马铃薯、青稞、棉花、油料作物（大豆、花生、油菜）和糖料作物（甘蔗、甜菜）。除以上中央财政补贴的作物类别，中央财政提供保费补贴的地区（补贴地区）可根据本地财力状况和农业特色，自主选择其他种植业险种予以支持。中央财政补贴险种的保险责任为因人力无法抗拒的自然灾害，包括暴雨、洪水（政府行蓄洪除外）、内涝、风灾、雹灾、冻灾、旱灾、病虫草鼠害等对投保农作物造成的损失。补贴地区可根据本地气象特点从上述选择几种对本地种植业生产影响较大的自然灾害，列入本地补贴险种的保险责任。同时，补贴地区可选择其他灾害作为附加险保险责任予以支持，由此产生的保费，可由地方财政部门提供一定比例的保费补贴。

补贴险种的保障水平按“低保障、广覆盖”的原则确定，以保障农户灾后恢复生产为出发点。保险金额原则上为保险标的生长期内所发生的直接物化成本，包括种子成本、化肥成本、农药成本、灌溉成本、机耕成本和地膜成本。补贴险种的保险费率应根据保险责任、保险标的多年平均损失情况、地区风险水平等因素确定。在2008年，对于补贴险种，在补贴地区省级财政部门补贴25%的保费后，财政部再补贴35%的保费，投保农户的负担为40%（此部分保费可由农户承担，或者由农户与龙头企业、地方财政部门等共同承担，具体比例由补贴地区自主确定）。2009年起，中央财政开始区分中、东、西部实行差异化补贴政策。2013年，在省（自治区、直辖市）级财政至少补贴25%的基础上，中央财政对中西部地区的补贴比例为40%，对东部地区的补贴比例为35%，对新疆生产建设兵团、中央直属垦区、中储粮北方公司、中国农业发展集团有限公司等中央单位的补贴比例为65%。

近年来，地方财政扶持的地方特色种植业保险险种不断扩大，四川、安徽、北京、上海、广东等省（直辖市）选择本地区种植面积较大，专业化、规模化程度较高，对保证地区人民生活、增加农户收入具有重要意义特色农业品种，开展地方财政扶持的地方特色种植业保险。

2. 养殖业保险

2008年，财政部下发《中央财政养殖业保险保费补贴管理办法》。中央财政提供保费补贴的养殖业险种的保险标的主要包括能繁母猪和奶牛。除此之外，补贴地区可根据本地财力状况和农业特色，自主选择其他养殖业险种予以支持。补贴地区为中部地区10省（河北、山西、吉林、黑龙江、安徽、江西、河南、湖北、湖南和海南），西部地区12省（自治区、直辖市），包括内蒙古、广西、重庆、四川、云南、贵州、西藏、陕西、甘肃、青海、宁夏和新疆，此外还有新疆生产建设兵团以及中央直属垦区。补贴险种的保险责任为重大病害、自然灾害和意外事故所导致的投保个体直接死亡。补贴地区可根据本地气象特点，从上述选择几种对本地养殖业生产影响较大的重大病害、自然灾害和意外事故，作为本地补贴险种的保险责任。同时，补贴地区可选择其他重大病害、自然灾害和意外事故作为附加险保险责任予以支持，由此产生的保费,可由地方财政部门提供一定比例的保费补贴。

补贴险种的保险金额参照投保个体的生理价值确定。并以此为基础,参照多年发生的平均损失率,测算保险费率。对于补贴险种,在补贴地区(新疆生产建设兵团以及中央直属垦区除外)地方财政部门补贴30%的保费后,中央财政再补贴一定比例的保费。具体保费补贴标准为:能繁母猪保险,财政部补贴50%的保费;奶牛保险,财政部补贴30%的保费。对于新疆生产建设兵团以及中央直属垦区,财政部为能繁母猪保险补贴80%的保费,为奶牛保险补贴60%的保费。此外,对于东部地区9省(直辖市),包括北京、天津、辽宁、上海、江苏、浙江、福建、山东、广东,能繁母猪和奶牛保险由地方财政部门提供一定比例的保费补贴,其保险责任、保障水平和保费补贴比例可参考补贴地区做法确定。同时,东部地区可选择其他养殖业险种予以支持。在符合国家有关文件精神的基础上,地方财政部门的保费补贴比例由省级财政部门根据本地实际情况确定。

近年来,我国政策性养殖业保险保费补贴品种增加了育肥猪、牦牛和藏系羊等,补贴比例也有所调整。对于能繁母猪、奶牛、育肥猪保险,在地方财政至少补贴30%的基础上,中央财政对中西部地区的补贴比例为50%,对东部地区的补贴比例为40%,对中央单位的补贴比例为80%。

显而易见,上述养殖业补贴险种中并不包括水产养殖保险。在我国,水产养殖保险不属于养殖业保险,而属于渔业保险的范畴,是作为渔业保险的一个组成部分开展经营并获得政府支持的。我国的水产养殖保险于2010年在上海和成都两地开始试点,2012年开展水产养殖保险的省份不到10个,保费补贴由地方财政负担,总体规模偏小。

3.涉农保险

根据《农业保险条例》第二条,农业保险是指农业生产领域的财产风险保障。事实上,《农业保险条例》中还提到了涉农保险的概念。根据《农业保险条例》第三十二条的规定,涉农保险是指农业保险以外、为农民在农业生产生活中提供保险保障的保险,包括农房、农机具、渔船等财产保险,涉及农民的生命和身体等方面的短期意外伤害保险。保险机构经营有政策支持的涉农保险,参照适用《农业保险条例》的相关规定。这就是说,农业保险的实际外延超出了生产领域的财产风险保障。根据《农业保险条例》,涉农保险主要包括农房、农机具、渔船等财产保险,涉及农民的生命和身体等方面的短期意外伤害保险。

(1)农机具保险　农机具保险的介绍以陕西、湖北两省的农机安全互助保险为例。陕西、湖北两省农机安全协会是在江泰保险经纪公司的支持下,于2009年、2010年相继成立的。陕西省农机安全协会开办的农机保险险种有机身损失互助险、驾驶人作业伤害互助险和拖拉机、收割机第三者互助险。湖北省农机安全协会开办的农机保险险种有机身损失互助险和驾驶人作业伤害互助险。同时,两省兼用(运输型)拖拉机的"交强险",按照《中华人民共和国道路交通安全法》规定,由互助保险机构统一组织向保险公司投保。

(2)农房保险　目前,我国已有超过20个省份开展了农房保险工作,大部分业务是由中国人保财险经营的。根据中国人保财险的数据,农房保险业务的运作特点可以概括为"政府推动、财政补贴、保险公司运营",业务开办地区根据当地实际情况采取相适应的经营模式。具体来说,主要有福建、广西、湖北的财政补贴全辖统保模式,浙江、广东、江西的财政补贴农户自愿参保模式和西藏的联办共保模式3种。

需要指出的是,国家一直高度重视农业保险的发展。2013年中央一号文件中指出,加强涉农信贷与保险协作配合，创新符合农村特点的抵（质）押担保方式和融资工具，建立多层次、多形式的农业信用担保体系。扩大林权抵押贷款规模，完善林业贷款贴息政策；健全政策性农业保险制度，完善农业保险保费补贴政策，加大对中西部地区、生产大县农业保险保费补贴力度，适当提高部分险种的保费补贴比例；开展农作物制种、渔业、农机、农房保险和重点国有林区森林保险保费补贴试点；推进建立财政支持的农业保险大灾风险分散机制。支持符合条件的农业产业化龙头企业和各类农业相关企业通过多层次资本市场筹集发展资金。

（三）农业保险合同

1. 农业保险合同的概念

农业保险合同是指投保人与保险人约定保险权利义务关系的协议。投保人是指与保险人订立保险合同，并按照合同约定负有支付保险费义务的人。保险人是指与投保人订立保险合同，并按照合同约定承担赔偿或者给付保险金责任的保险公司。《农业保险条例》中对农业保险合同未做规定的，参照适用《中华人民共和国保险法》中保险合同的有关规定。

2. 农业保险合同的订立

订立农业保险合同，应当协商一致，遵循公平原则确定各方的权利和义务。除法律、行政法规规定必须保险者，保险合同自愿订立。

农业保险可以由农民、农业生产经营组织自行投保，也可以由农业生产经营组织、村民委员会等单位组织农民投保。由农业生产经营组织、村民委员会等单位组织农民投保的，保险机构应当在订立农业保险合同时，制定投保清单，详细列明被保险人的投保信息，并由被保险人签字确认。保险机构应当将承保情况予以公示。

3. 农业保险合同的成立与生效

投保人提出保险要求，经保险人同意承保，保险合同成立。保险人应当及时向投保人签发保险单或者其他保险凭证。保险单或者其他保险凭证应当载明当事人双方约定的合同内容，当事人也可以约定采用其他书面形式载明合同内容。保险合同成立后，投保人按照约定交付保险费，保险人按照约定的时间开始承担保险责任。

依法成立的保险合同，自成立时生效。投保人和保险人可以对合同的效力约定附加条件或者附加期限。

4. 农业保险合同的内容

农业保险合同应当包括下列事项：①保险人的名称和住所；②投保人、被保险人的姓名或者名称、住所；③保险标的；④保险责任和责任免除；⑤保险期间和保险责任开始时间；⑥保险金额；⑦保险费以及支付办法；⑧保险金赔偿或者给付办法；⑨违约责任和争议处理；⑩订立合同的时间。投保人和保险人可以约定与保险有关的其他事项。

5. 农业保险合同的变更与解除

除了法律另有规定或者保险合同另有约定，保险合同成立后，投保人可以解除合同，保险人不得解除合同。在农业保险合同有效期内，合同当事人不得因保险标的的危险程度发生变化而增加保险费或者解除农业保险合同。

6. 保险责任的承担

保险机构接到发生保险事故的通知后，应当及时进行现场查勘，会同被保险人核定保险标的的受损情况。由农业生产经营组织、村民委员会等单位组织农民投保的，保险机构应当将查勘定损结果予以公示。保险机构按照农业保险合同约定，可以采取抽样方式或者其他方式核定保险标的的损失程度。采用抽样方式核定损失程度的，应当符合有关部门规定的抽样技术规范。

法律、行政法规对受损的农业保险标的处理有规定的，理赔时应当取得受损保险标的已依法处理的证据或者证明材料。保险机构不得主张对受损的保险标的残余价值的权利，农业保险合同另有约定的除外。

保险机构应当在与被保险人达成赔偿协议后 10 日内，将应赔偿的保险金支付给被保险人。农业保险合同对赔偿保险金的期限有约定的，保险机构应当按照约定履行赔偿保险金义务。保险机构应当按照农业保险合同约定，根据核定的保险标的损失程度足额支付应赔偿的保险金。任何单位和个人不得非法干预保险机构履行赔偿保险金的义务，不得限制被保险人取得保险金的权利。由农业生产经营组织、村民委员会等单位组织农民投保的，理赔清单应当由被保险人签字确认，保险机构应当将查勘定损结果予以公示。

(四)法律责任

保险机构未经批准经营农业保险业务的，由保险监督管理机构责令改正，没收违法所得，并处违法所得 1 倍以上 5 倍以下的罚款；没有违法所得或者违法所得不足 10 万元的，处 10 万元以上 50 万元以下的罚款；逾期不改正或者造成严重后果的，责令停业整顿或者吊销经营保险业务许可证。

保险机构以外的其他组织或者个人非法经营农业保险业务的，由保险监督管理机构予以取缔，没收违法所得，并处违法所得 1 倍以上 5 倍以下的罚款；没有违法所得或者违法所得不足 20 万元的，处 20 万元以上 100 万元以下的罚款。

保险机构经营农业保险业务，有下列行为之一的，由保险监督管理机构责令改正，处 10 万元以上 50 万元以下的罚款；情节严重的，可以限制其业务范围、责令停止接受新业务或者取消经营农业保险业务资格。

(1)编制或者提供虚假的报告、报表、文件、资料；

(2)拒绝或者妨碍依法监督检查；

(3)未按照规定使用经批准或者备案的农业保险条款、保险费率。

保险机构经营农业保险业务，违反《农业保险条例》规定，有下列行为之一的，由保险监督管理机构责令改正，处 5 万元以上 30 万元以下的罚款；情节严重的，可以限制其业务范围、责令停止接受新业务或者取消经营农业保险业务资格。

(1)未按照规定将农业保险业务与其他保险业务分开管理，单独核算损益；

(2)利用开展农业保险业务为其他机构或者个人牟取不正当利益；

(3)未按照规定申请批准农业保险条款、保险费率。保险机构经营农业保险业务，未按照规定报送农业保险条款、保险费率备案的，由保险监督管理机构责令限期改正；逾期不改正的，处 1 万元以上 10 万元以下的罚款。

保险机构违反《农业保险条例》规定，保险监督管理机构除依照本条例的规定给予处罚外，对其直接负责的主管人员和其他直接责任人员给予警告，并处 1 万元以上 10 万元以下的罚款；情节严重的，对取得任职资格或者从业资格的人员撤销其相应资格。

保险机构骗取保险费补贴的，由财政部门依照《财政违法行为处罚处分条例》的有关规定予以处理；构成犯罪的，依法追究刑事责任。

禁止任何单位和个人挪用、截留、侵占保险机构应当赔偿被保险人的保险金。挪用、截留、侵占保险金的，由有关部门依法处理；构成犯罪的，依法追究刑事责任。保险机构的法律责任，《农业保险条例》未做规定的，适用《中华人民共和国保险法》的有关规定。

四、案例与知识链接

1.政府鼓励金融机构开发专门的信贷产品，家庭农场迎利好

2019年9月9日，农业农村部等11部门发布《关于实施家庭农场培育计划的指导意见》（以下简称《意见》），《意见》指出，鼓励有长期稳定务农意愿的农户适度扩大经营规模，发展多种类型的家庭农场，开展多种形式合作与联合。

《意见》坚持以农户主体、规模适度、市场导向、因地制宜、示范引领为基本原则，到2020年，支持家庭农场发展的政策体系基本建立，管理制度更加健全，指导服务机制逐步完善，家庭农场数量稳步提升，经营管理更加规范，经营产业更加多元，发展模式更加多样。到2022年，支持家庭农场发展的政策体系和管理制度进一步完善，家庭农场生产经营能力和带动能力得到巩固提升。

《意见》要求，坚持家庭经营在农村基本经营制度中的基础性地位，鼓励有长期稳定务农意愿的农户适度扩大经营规模，发展多种类型的家庭农场，开展多种形式合作与联合。要鼓励各地立足实际，确定发展重点，创新家庭农场发展思路，务求实效，不搞"一刀切"，不搞强迫命令。

《意见》还要求，完善和落实财政税收政策。鼓励有条件的地方通过现有渠道安排资金，采取以奖代补等方式，积极扶持家庭农场发展，扩大家庭农场受益面。支持符合条件的家庭农场作为项目申报和实施主体参与涉农项目建设。支持家庭农场开展绿色食品、有机食品、地理标志农产品的认证和品牌建设。对符合条件的家庭农场给予农业用水精准补贴和节水奖励。家庭农场生产经营活动按照规定享受相应的农业和小微企业减免税收政策。

《意见》提出，要加强金融保险服务。鼓励金融机构针对家庭农场开发专门的信贷产品，在商业可持续的基础上优化贷款审批流程，合理确定贷款的额度、利率和期限，拓宽抵质押物范围。开展家庭农场信用等级评价工作，鼓励金融机构对资信良好、资金周转量大的家庭农场发放信用贷款。全国农业信贷担保体系要在加强风险防控的前提下，加快对家庭农场的业务覆盖，增强家庭农场贷款的可得性。继续实施农业大灾保险、三大粮食作物完全成本保险和收入保险试点，探索开展中央财政对地方特色优势农产品保险以奖代补政策试点，有效满足家庭农场的风险保障需求。鼓励开展家庭农场综合保险试点。

《意见》还提出，要支持发展"互联网+"家庭农场。提升家庭农场经营者互联网应用水平，推动电子商务平台通过降低入驻和促销费用等方式，支持家庭农场发展农村电子商务。鼓励市场主体开发适用的数据产品，为家庭农场提供专业化、精准化的信息服务。鼓

励发展互联网云农场等模式，帮助家庭农场合理安排生产计划、优化配置生产要素。

2. 福建创新涉农金融，促进家庭农场发展

2019 年 9 月 20 日，福建省农业农村厅与建设银行福建省分行举办福建省家庭农场政银农对接会。包括黄东标家庭农场在内，20 家家庭农场与建行福建省分行现场签署合作协议，协议金额 534 万元，这些家庭农场分别来自福建罗源县、永泰县、福清市、永春县、华安县、沙县、武平县等多地。

家庭农场是以家庭成员为主要劳动力，以家庭为基本经营单元从事农业规模化、标准化、集约化生产经营，是现代农业的主要经营方式。目前，福建已有家庭农场 2.6 万多家，已培育 2 000 多家规模适度、生产绿色、管理先进、效益明显的省市县三级家庭农场示范园。

建行福建省分行推出的支持家庭农场培育服务方案，包括加大特色农产品优势区、现代农业产业园建设等重大项目合作，支持家庭农场基础设施建设；推广“惠闽宝”特色融资产品，完善农村承包土地经营权抵押业务，满足乡村振兴多样化、多层次融资需求；以金融科技探索农业农村大数据建设，为家庭农场提供专业化、精准化的金融服务；依托善融商务电商平台支持家庭农场发展农村电子商务，助力发展“互联网＋”家庭农场等。

近年来，建行福建省分行在惠农金融创新打出一系列特色组合拳。围绕福建特色产业，创新推出“闽茶贷”“闽果贷”等“惠闽宝”产品，及“柚农贷”“烟农快贷”等个人支农贷款，聚焦乡村振兴的金融需求，推出“服务乡村振兴方案”34 条举措；结合“益农信息社”建设，在全辖 100％的县域设立“裕农通”普惠金融服务点；通过小微企业“惠懂你”App，搭载入驻“信息进村入户平台”，打造“一分钟融资、一站式服务、一价式收费”的全新体验；以“善融平台”架起农产品销售“鹊桥”，开展“爱心接荔”“善融助学”等活动，帮助农特产品走出深闽。

自 2018 年以来，建行福建省分行累计为 2.25 万户涉农客户发放普惠型涉农贷款 215 亿元，建行善融商务平台累计销售农特产品近 70 万件。

3. “金融＋家庭农场＋贫困户”模式在安徽悄然兴起

近年来，“金融＋家庭农场＋贫困户”金融扶贫模式在安徽省广大农村悄然兴起。在这种模式中，政府设立风险金并全面贴息，银行以基准利率发放贷款并建立绿色通道，贫困户依托扶贫小额信贷与家庭农场合作经营，由家庭农场牵头建设农业设施，发展种植业，从而顺利实现增收脱贫。这一金融扶贫政策的最大亮点就是“四跟四走”，即贷款跟着穷人走、穷人跟着能人走、能人跟着产业走、产业跟着市场走。鼓励、激励贫困户用好扶贫贷款、发挥聪明才干，大户能人围绕市场需求及本地优势特色产业，宜养则养、宜种则种，务实高效地发展家庭种养业、简单加工业，为实现持续脱贫、稳定脱贫探索出一条新路径。

李庄村是界首市光武镇一个普通的村子，今年，小李庄村共有 18 户贫困户，通过金融扶贫贷款与家庭农场合作经营每年可获得 3 000 元的保底收益，贫困户还可在农场里

务工，月工资在2000元左右。

李庄村薄壳山核桃家庭农场主叫李兰峰，今年47岁，初中毕业后一直在外打工。经过多年打拼，积累了一定资金的李兰峰想利用家乡土地资源发展致富项目。2016年，李兰峰结识了江苏省常州金土地薄壳山核桃研究院有限公司总经理何雅萍，并学习了薄壳山核桃种植技术。2017年，他返乡发展薄壳山核桃种植产业。

“在镇村负责同志和村民的帮助下，我投资300余万元，流转土地700亩，于2017年5月成立了薄壳山核桃家庭农场。”薄壳山核桃家庭农场主李兰峰介绍说，他栽植了50棵当年挂果的大棵薄壳山核桃树、50棵两年挂果的山核桃树，其余都是5年后挂果的山核桃树苗。常州公司派技术员指导果树栽植养护，30多名贫困村民负责打药、除草、施肥。“5年后，每株核桃树能够挂果20～30千克，每亩地收入达3万元以上，丰产期能够达到70年。”

近两年来，光武镇不断加大政策引导和资金扶持力度，大力培育农业专业合作社、家庭农场等农业新型经营主体。为实现持续脱贫、稳定脱贫，光武镇还把金融扶贫作为脱贫攻坚的主抓手，充分发挥政府引导及家庭农场的带动作用，逐渐探索出一种“金融＋家庭农场＋贫困户”的扶贫模式。通过扶贫小额信贷的支持和家庭农场的带动，把一家一户的小额扶贫贷款集中起来，用于扩大再生产，把农场做大做强，从而增强抵御市场风险的能力。同时可以帮助贫困户稳定脱贫，激发贫困户脱贫致富的内生动力和造血功能。

据光武镇副镇长贺浩介绍，以前农民习惯于耕种自己的田地，不愿意转让土地后去给农场做工，“金融＋家庭农场＋贫困户”模式正好破解了这一难题。一方面，镇里以培育壮大家庭农场为突破口，引导和鼓励有文化、懂技术、会经营的村干部、科技大户、农业能手，通过承租的形式，发展家庭农场；另一方面，积极引导贫困户通过土地、劳务、扶贫小额贷款等形式与家庭农场合作经营，贫困户带着土地和自身的劳动力来到了农场，既能在自己的土地上劳作，年底可享有保底合作经营收益，还能务工挣钱，从而实现了家庭农场发展与贫困户脱贫“相辅相成、互利共赢”格局，可谓一举两得。

4.“金融活水”滋润新型农业主体，云南新增家庭农场2 700户

“我过去经营的只是一个小的养殖场，在中国农业银行（以下简称“农行”）的帮助下，逐步发展壮大，如今已成为当地的养殖大户”，在近期的一个新型农业经营主体培训座谈会上，来自云南剑川县坤洲养殖有限公司的养殖大户张云全高兴地说。截至2015年3月末，农行云南省分行累计发放农户贷款16.36亿元，累计收回12.36亿元，期末余额54.89亿元，比年初净增3.18亿元。今年，农行云南省分行力争新增服务专业大户（家庭农场）2 700户，为当地经济发展奠定基础。

去年以来，农行云南省分行认真落实总行提出的每个县域支行至少支持一户新型家庭农场的要求，结合当地区域经济发展特点，围绕农业新型经营主体，坚持以专业大户、家庭农场等为重点，按照“循序推进大户贷款”的总体思路，紧紧抓住云南省委、省政府大力推动高原特色农业发展的思路，抓住第一轮授信期满的机遇，通过农村个人生产经营贷款加大支持农村中高端客户的力度。经过各级行的共同努力，全省117个县域

支行全部完成总行提出的至少支持一户家庭农场的任务，去年末全省共有家庭农场贷款 613 笔，贷款余额 2.94 亿元。小、散农户贷款进一步压缩，农村个人生产经营贷款在农户贷款中的占比 36.69%，比年初提高 15.29 个百分点。培育壮大新型农业经营主体队伍已成为该行大户贷款服务"三农"的亮点和招牌。

为支持粮食生产、蔬菜种植、畜禽养殖、花卉苗木、农机服务等多个领域新型农业经营主体发展，农行云南省分行的各支行与各县农业部门深入调研、相互配合，实现金融与各类新型农业经营主体的融资需求"无缝对接"，降低农业经营主体的融资门槛，加大向家庭农场、专业合作社、种养大户等支持力度。组织客户经理上门调查需求，量身订制，创新信贷品种，缩短信贷流程，加大信贷扶持力度。

"农行和农户的关系是非常密切的，我们是共同成长的，农户的需求就是我们创新的源泉"。在农行培训会上，农行云南省分行负责"三农"的王显斌说。农行提出在农业信贷政策等方面进一步创新，在产品支持方面进一步扩大覆盖面，在资源、信贷规模、资金支持上进一步加大力度。

为及时了解各类新型农业经营主体在生产经营中遇到的问题，了解大户们的思想动态和经营成果，并征求在金融服务、金融支持方面的想法和建议，银行与大户们多次座谈。在座谈会上，大户们畅所欲言，他们有的希望农行支持他们的新项目，有的希望增加贷款额度、延长贷款期限，有的则希望进一步创新担保方式……针对大户们的意见和建议，云南分行提出尽快研究、重点支持，对新型农业经营主体会加强支持，尝试按照不同的农业品种、加工方式、生长周期等，研究出差异化的信贷支持政策；在信贷担保方式、金融经营方式上，不断总结、创新，从而保证农户的利益。

同时，该行积极探索农户贷款担保方式创新，对各地抵押物登记机构、土地流转市场及法院正式文件等条件进行调研，向总行推荐上报 6 家县支行开展农村土地承包经营权抵押贷款，已获总行批准实施。并围绕云南 12 类特色优势产业客户做好信贷支持工作。全省特色农业农户贷款 41 659 笔，余额 20.8 亿元，占农户贷款余额的 41%。对各地的专业合作社优化农户贷款担保结构。对多户联保贷款实行更加严格的管理，去年末多户联保贷款余额 24.05 亿元，占农户贷款的 47.25%。

任务四　家庭农场的其他扶持政策

一、农产品质量安全

(一)农产品质量安全法

1. 农产品质量安全法概述

家庭农场应当重视农产品质量安全，了解有关农产品质量安全的法律法规。

狭义的农产品质量安全法是指《中华人民共和国农产品质量安全法》。该法在 2006 年 4 月 29 日颁布，自 2006 年 11 月 1 日起施行。《中华人民共和国农产品质量安全法》的立法目的是为保障农产品质量安全，维护公众健康，促进农业和农村经济发展。

广义的农产品质量安全法是指所有有关农产品质量安全的法律法规。除了《中华人民共和国农产品质量安全法》，还包括《中华人民共和国食品安全法》《食品安全法实施条例》《农药管理条例》《兽药管理条例》《饲料和饲料添加剂管理条例》《农业转基因管理条例》《无公害农产品管理办法》《农产品产地安全管理办法》《农产品包装和标识管理办法》《农产品地理标识管理办法》《农产品质量安全监测管理办法》《绿色食品标志管理办法》等相关法律法规。此外，全国各地大多制定了与农产品质量安全和食品安全相关的条例或《中华人民共和国农产品质量安全法》和《中华人民共和国食品安全法》的实施办法。

2. 农产品质量安全的管理

农产品质量安全的管理工作，由县级以上人民政府农业行政主管部门负责。

县级以上人民政府农业行政主管部门负责农产品质量安全的监督管理工作；县级以上人民政府有关部门按照职责分工，负责农产品质量安全的有关工作。县级以上人民政府应当将农产品质量安全管理工作纳入本级国民经济和社会发展规划，并安排农产品质量安全经费，用于开展农产品质量安全工作。县级以上地方人民政府统一领导、协调本行政区域内的农产品质量安全工作，并采取措施，建立健全农产品质量安全服务体系，提高农产品质量安全水平。

国务院农业行政主管部门应当设立由有关方面专家组成的农产品质量安全风险评估专家委员会，对可能影响农产品质量安全的潜在危害进行风险分析和评估。国务院农业行政主管部门应当根据农产品质量安全风险评估结果采取相应的管理措施，并将农产品质量安全风险评估结果及时通报国务院有关部门。国务院农业行政主管部门和省、自治区、直辖市人民政府农业行政主管部门应当按照职责权限，发布有关农产品质量安全状况信息。

国家引导、推广农产品标准化生产，鼓励和支持生产优质农产品，禁止生产、销售不符合国家规定的农产品质量安全标准的农产品。国家支持农产品质量安全科学技术研究，推行科学的质量安全管理方法，推广先进安全的生产技术。

各级人民政府及有关部门应当加强农产品质量安全知识的宣传，提高公众的农产品质量安全意识，引导农产品生产者、销售者加强质量安全管理，报障农产品消费安全。

（二）农产品质量安全标准

农产品质量安全标准是指农产品应当符合的质量安全的技术规范。农产品质量安全标准是强制性的技术规范。国家建立健全农产品质量安全标准体系。农产品质量安全标准的制定和发布，依照有关法律、行政法规的规定执行。

制定农产品质量安全标准应当充分考虑农产品质量安全风险评估结果，并听取家庭农场、销售者和消费者的意见，保障消费安全。农产品质量安全标准应当根据科学技术发展水平以及农产品质量安全的需要，及时修订。农产品质量安全标准由农业行政主管部门商有关部门组织实施。家庭农场在农产品生产中，应当严格遵守农产品质量安全标准。

（三）农产品包装

根据《中华人民共和国农产品质量安全法》第二十八条规定："农产品生产企业、农民专业合作经济组织以及从事农产品收购的单位或者个人销售的农产品，按照规定应当包装或者附加标识的，须经包装或者附加标识后方可销售。包装物或者标识上应当按照规定标明产品的品名、产地、生产者、生产日期、保质期、产品质量等级等内容；使用添加剂的，还应当按照规定标明添加剂的名称。具体办法由国务院农业行政主管部门制定。”

从本条规定看，如果家庭农场登记为个体工商户的，则不符合该条对农产品包装和标识主体的规定；如果家庭农场登记为个人独资企业、合伙企业和有限责任公司的，应当包装或者附加标识的，须经包装或者附加标识后方可销售。包装物或者标识上应当按照规定标明产品的品名、产地、生产者、生产日期、保质期、产品质量等级等内容；使用添加剂的，还应当按照规定标明添加剂的名称。

农产品包装是指对农产品实施装箱、装盒、装袋、包裹、捆扎等。家庭农场用于销售的下列农产品必须包装：①获得无公害农产品、绿色食品、有机农产品等认证的农产品，但鲜活畜、禽、水产品除外。②省级以上人民政府农业行政主管部门规定的其他需要包装销售的农产品。符合规定包装的农产品拆包后直接向消费者销售的，可以不再另行包装。农产品包装应当符合农产品贮藏、运输、销售及保障安全的要求，便于拆卸和搬运。包装农产品的材料和使用的保鲜剂、防腐剂、添加剂等物质必须符合国家强制性技术规范要求。包装农产品应当防止机械损伤和二次污染。保鲜剂是指保持农产品新鲜品质，减少流通损失，延长贮存时间的人工合成化学物质或者天然物质。防腐剂是指防止农产品腐烂变质的人工合成化学物质或者天然物质。添加剂是指为改善农产品品质和色、香、味以及加工性能加入的人工合成化学物质或者天然物质。

（四）农产品质量安全的监督检查

1. 禁止销售的农产品

家庭农场不得销售下列农产品：①含有国家禁止使用的农药、兽药或者其他化学物质的；②农药、兽药等化学物质残留或者含有的重金属等有毒有害物质不符合农产品质量安全标准的；③含有的致病性寄生虫、微生物或者生物毒素不符合农产品质量安全标准的；④使用的保鲜剂、防腐剂、添加剂等材料不符合国家有关强制性的技术规范的；⑤其他不符合农产品质量安全标准的农产品。

2. 农产品质量安全监测

农产品质量安全监测包括农产品质量安全风险监测和农产品质量安全监督抽查。农产品质量安全风险监测是指为了掌握农产品质量安全状况和开展农产品质量安全风险评估，系统和持续地对影响农产品质量安全的有害因素进行检验、分析和评价的活动，包括农产品质量安全例行监测、普查和专项监测等内容。农产品质量安全监督抽查是指为了监督农产品质量安全，依法对生产中或市场上销售的农产品进行抽样检测的活动。

国家建立农产品质量安全监测制度。县级以上人民政府农业行政主管部门应当按照保障农产品质量安全的要求，制定并组织实施农产品质量安全监测计划，对生产中或者市场上销售的农产品进行监督抽查。监督抽查结果由国务院农业行政主管部门或者省、自治区、直辖市人民政府农业行政主管部门按照权限予以公布。监督抽查检测应当委托符合条件的农产品质量安全检测机构进行，不得向被抽查人收取费用，抽取的样品不得超过国务院农业行政主管部门规定的数量。上级农业行政主管部门监督抽查的农产品，下级农业行政主管部门不得另行重复抽查。

农产品质量安全检测应当充分利用现有的符合条件的检测机构。从事农产品质量安全检测的机构，必须具备相应的检测条件和能力，由省级以上人民政府农业行政主管部门或者其授权的部门考核合格。具体办法由国务院农业行政主管部门制定。农产品质量安全检测机构应当依法经计量认证合格。

家庭农场对监督抽查检测结果有异议的，可以自收到检测结果之日起5日内，向组织实施农产品质量安全监督抽查的农业行政主管部门或者其上级农业行政主管部门申请复检。采用国务院农业行政主管部门会同有关部门认定的快速检测方法进行农产品质量安全监督抽查检测，被抽查人对检测结果有异议的，可以自收到检测结果时起4小时内申请复检。复检不得采用快速检测方法。因检测结果错误给家庭农场造成损害的，应依法赔偿。

农产品批发市场应当设立或者委托农产品质量安全检测机构，对进场销售的农产品质量安全状况进行抽查检测；发现不符合农产品质量安全标准的，应当要求销售者立即停止销售，并向农业行政主管部门报告。农产品销售企业对其销售的农产品，应当建立健全进货检查验收制度；经查验不符合农产品质量安全标准的，不得销售。

3. 农产品质量安全事故的处理

发生农产品质量安全事故时，家庭农场应当采取控制措施，及时向所在地乡级人民政府和县级人民政府农业行政主管部门报告；收到报告的机关应当及时处理并报上一级人民政府和有关部门。发生重大农产品质量安全事故时，农业行政主管部门应当及时通报同级食品药品监督管理部门。

4. 农产品质量安全责任追究制度

县级以上人民政府农业行政主管部门在农产品质量安全监督管理中，发现家庭农场有禁止销售的农产品，应当按照农产品质量安全责任追究制度的要求，查明责任人，依法予以处理或者提出处理建议。

二、农民教育培训

（一）农业职业教育

1. 农业职业教育概述

《中华人民共和国农业法》第四十八条："国务院和省级人民政府应当制定农业科技、农业教育发展规划，发展农业科技、教育事业。县级以上人民政府应当按照国家有关规定逐步增加农业科技经费和农业教育经费。国家鼓励、吸引企业等社会力量增加农业科技投入，鼓励农民、农业生产经营组织、企业事业单位等依法举办农业科技、教育事业。"与家庭农场相关的农业教育主要是农业职业教育和农业职业培训。

根据《中华人民共和国农业法》的规定，就农业职业教育而言，国务院有关部门按照国家职业资格证书制度的统一规定，开展农业行业的职业分类、职业技能鉴定工作，管理农业行业的职业资格证书。就农业职业培训而言，国家采取措施鼓励农民采用先进的农业技术，支持农民举办各种科技组织，开展农业实用技术培训、农民绿色证书培训和其他就业培训，提高农民的文化技术素质。下文将针对农业行业职业技能鉴定和绿色证书做简要介绍。

2.农业行业职业技能鉴定

(1)农业行业职业技能鉴定概述　农业行业职业技能鉴定，是指对从事农业行业特有职业(工种)的劳动者所应具备的专业知识、技术水平和工作能力进行考核与评价，并对通过者颁发国家统一印制的职业资格证书的评价活动。所谓“农业行业”，包括种植业、畜牧业、兽医、渔业、农机、农垦、乡镇企业、饲料工业、农村能源等行业。

农业行业职业技能鉴定是为适应农业农村经济发展和社会主义新农村建设的需要，进一步规范农业行业职业技能鉴定管理，全面开发农业劳动者的职业技能，提高农村实用人才以及农业技能人才队伍素质而设立的。

农业行业职业技能鉴定实行政府指导下的社会化管理体制。农业行政主管部门负责综合管理，业务机构(指农业农村部职业技能鉴定指导中心和职业技能鉴定指导站，以下分别简称部鉴定中心和部行业指导站)进行技术指导，执行机构(指农业行业职业技能鉴定站，以下简称“鉴定站”)组织具体实施。

(2)农业行业职业资格证书的概念　农业行业推行国家职业资格证书制度。在涉及农产品质量安全、规范农资市场秩序，以及技术性强、服务质量要求高、关系广大消费者利益和人民生命财产安全的职业(领域)，逐步推行就业准入制度。农业农村部人事劳动司负责职业资格证书的综合管理工作，并行使监督、检查的职能。

职业资格证书是劳动者职业技能水平的凭证，是劳动者就业、从业、任职和劳务输出的法律公证的有效证件。农业劳动者可以获得农业行业职业资格证书。

(3)职业资格的等级　职业资格分为5个等级，即职业资格五级(初级)、职业资格四级(中级)、职业资格三级(高级)、职业资格二级(技师)、职业资格一级(高级技师)。

(4)农业行业职业资格证书的取得　农业劳动者可通过参加职业技能鉴定、业绩评定、职业技能竞赛等方式申请获得农业行业职业资格证书。

参加农业行业职业技能鉴定的人员，应符合农业行业国家职业标准中规定的申报条件。申报参加职业技能鉴定的人员，需向鉴定站提出申请，出具本人身份证、学历证书或其他能证明本人技术水平的证件，填写《职业技能鉴定申报审批表》，凭鉴定站签发的准考证，按规定的时间、方式参加考核或考评。职业技能鉴定分为专业技术知识考试和实际操作技能考核两部分，两项成绩均达到60分以上者，即通过职业技能鉴定，可获得相应等级的职业资格证书。技师、高级技师还应通过专家组评审。

对有重大发明、技术创新、获取专利以及攻克技术难关等的劳动者，经部鉴定中心组织专家评定，可获得或晋升相应等级的职业资格。

参加国家级和省级职业技能竞赛分别取得前20名和前10名的人员，以及获得全国技术能手称号的人员，所从事职业设有高一级职业资格的，经农业农村部人事劳动司审定后可晋升一个职业等级。

(5)农业行业职业资格证书的核发　对职业技能鉴定合格者，农业农村部颁发国家统一印制的职业资格证书。经农业农村部核准颁发的职业资格证书在全国范围内有效，其他任何鉴定机构不得重复鉴定。职业资格证书核发程序:①鉴定站按照有关规定上报鉴定结果;②部行业指导站对鉴定结果进行初审,报部鉴定中心复核;③部行业指导站按统一要求编号并打印证书;④部鉴定中心受农业农村部人事劳动司委托核发证书;⑤鉴定站将证书发放给被鉴定者本人。

(6)农业行业职业资格证书的功能　职业资格证书是劳动者求职、任职、开业和上岗的资格凭证,是用人单位招聘、录用劳动者和确定劳动报酬的重要依据,也是境外就业、对外劳务合作人员办理技能水平公证的有效证件。对取得职业资格证书的劳动者,农业系统各类用人单位应优先安排就业、上岗,优先安排生产、经营承包、示范推广及政府补贴项目等。

用人单位招用未取得相应职业资格证书的劳动者,从事实行就业准入制度的职业(工种)工作的,农业行业行政主管部门和当地劳动保障部门应责令限期改正。各级管理部门、用人单位应鼓励获得职业资格证书的劳动者不断提升技能水平,晋升职业资格等级。

(7)农业行业职业资格证书的追溯、复核和监察　建立农业行业职业资格证书追溯制度,逐步完善证书查询系统。

推行农业行业职业资格证书复核制度。对实行就业准入制度职业的持证人员,应加强业务培训和业绩考核,每3年由原鉴定站复核一次。鉴定站不得额外收取费用。

推行农业行业职业资格证书监察制度。对涉及农产品质量安全,规范农资市场秩序,以及技术性强、服务质量要求高、关系广大消费者利益和人民生命财产安全的职业的从业人员,要加强职业资格证书监察。

(8)农业行业职业资格证书的补发、换发　因遗失、残损以及对外劳务合作等原因需要补发、换发职业资格证书的,证书持有者可向原鉴定站提出申请,并填写《补(换)发农业行业职业资格证书申请表》,按证书核发程序申请补发、换发证书。申请办理、补换发职业资格证书需按照国家有关部门的规定交纳证书工本费。

3.绿色证书

(1)绿色证书和绿色证书制度　绿色证书是指农民达到从事某项农业技术工作应具备的基本知识和技能要求,经当地政府或行业管理部门认可的从业资格凭证,是农民从业的岗位合格证书。

绿色证书制度是指通过法律、行政、经济等手段,对农民从业的技术资格要求、培训、考核、发证等做出规定,并制定相关的配套政策,作为农民从业和培训的规程,确保提高从业人员的文化科技素质,推动农业和农村经济的发展。

(2)绿色证书制度的实施范围、对象　绿色证书制度的实施范围,包括种植、畜牧兽医、水产、农机、农村合作经济管理、农村环保和能源等行业。农业机械驾驶、操作、维修以及农村会计、审计、合同仲裁、渔业船员等岗位实行的培训、考核、发证的有关规定应继续执行,并使之逐步完善;凡从事这些岗位工作的农民,达到规定要求,获得的资格证书可视同专业类"绿色证书",并具有同等效力;乡镇企业、农垦或其他行业,国家有关部门已有岗位规范或技术等级标准的岗位,仍按有关部门的规定执行。

发放绿色证书的对象,主要是具有初中以上文化程度的乡(镇)、村农业社会化服务体系的人员、村干部、专业户、科技示范户和一些技术性较强岗位的从业农民。

(3)绿色证书的技术资格标准　取得绿色证书的农民,必须达到岗位规范规定的标准。农民技术资格岗位规范包括政治思想、职业道德、岗位专业知识、生产技能、工作经历和文化程度等方面的要求。岗位专业知识和技能，是技术资格岗位规范的重要内容。要求绿色证书获得者比较系统地了解本岗位的生产和经营管理的基础知识，每个岗位的专业知识包括3～5门课程，300学时左右；种植业、养殖业等生产周期较长或技术性较强的岗位，至少要通过一个以上本岗位生产周期的实践，掌握本岗位的生产技能并达到一定的熟练程度。

农民技术资格岗位规范分为通用类、专业类和特产类。通用类、专业类由农业农村部制定指导性岗位规范，各地可据此制定地方性岗位规范；特产类岗位规范由各省、自治区、直辖市及计划单列市的农业部门制定。

(4)绿色证书的培训　县绿色证书制度工作领导小组统一规划和部署县、乡两级绿色证书培训工作。对少数技术性较强、从业人员分散的岗位，地(市)级以上(含地市级)农业部门可委托有关单位开展培训。

经同级绿色证书制度工作领导小组办公室批准，具备培训条件的乡级以上(含乡级)农业广播电视学校、农业技术推广培训中心、农机化技术学校、农民文化技术学校、农业中专学校、农村职业学校及其他各类农业成人(职业技术)学校可承担培训任务。

承担培训任务的单位，应按照省、自治区、直辖市及计划单列市绿色证书制度工作领导小组及农业部门的统一部署，在县绿色证书制度工作领导小组的领导下，按照统一培训规划、统一教学计划、统一教学大纲、统一培训教材的要求开展培训。

县政府应协调各有关部门，建立一支专兼职相结合的师资队伍，并规定聘请教师的标准，努力提高教师的素质，妥善解决教师的待遇，充分发挥教师一专多能的作用。

申请取得绿色证书的农民，需参加绿色证书培训，通过县级以上(含县级)绿色证书制度工作领导小组办公室或农业部门统一组织的考试(凡农村职业中学毕业生、其他农民中专及农业广播电视学校中专毕业生申请同专业类绿色证书可免于培训和理论考试)，并经过本岗位规定期限的实践考核，在生产中起到示范、带头作用，由本人申请，村民委员会推荐，乡(镇)政府审查，报县绿色证书制度工作领导小组办公室审核后，由县政府发给绿色证书。

(5)绿色证书的考核与发证　各省、自治区、直辖市及计划单列市农业部门应制定绿色证书的考试、考核、证书发放与登记制度。要建立试题库，逐步做到考试试题标准化。必须严格考试纪律，杜绝各种弄虚作假行为。

绿色证书由农业农村部统一印制，并制定绿色证书管理办法，各省、自治区、直辖市及计划单列市农业部门根据管理办法负责绿色证书的具体管理工作。

(6)绿色证书的功能取得　绿色证书的农民，在发证机关所辖区域范围内具有从事本岗位工作的技术资格。对取得绿色证书的农民要优先安排农业项目承包和贷款，并给予必要的支持。农村基层干部和农业社会化服务体系录用农民技术人员，要逐步做到从获证农民中选拔。实施绿色证书制度工作的县应组织有关部门，根据不同行业和当地实际，制定相应的配套政策和措施，明确持证人员的权利和义务。对不具备国家承认的中等专业技术学校以上毕业学历的农民，应首先取得绿色证书，才能申请评定和晋升农民技术职称。

(二)新型职业农民培育

2012年中央一号文件《关于加快推进农业科技创新持续增强农产品供给保障能力的若干意见》指出："大力培育新型职业农民，对未升学的农村高初中毕业生免费提供农业技能培训，对符合条件的农村青年务农创业和农民工返乡创业项目给予补助和贷款支持。”2013 年中央一号文件突出农业经营体制机制创新，着力完善农业生产关系，进一步强调加强农业职业教育和职业培训。2014 年中央一号文件明确指出：“加大对新型职业农民和新型农业经营主体领办人的教育培训力度。”

新型职业农民是构建新型农业经营主体的重要组成部分，是发展现代农业、推动城乡一体化发展的重要力量，进一步增强农业农村发展活力关键在于激发农民自身活力。大力培育新型职业农民，有利于农民逐渐淡出身份属性，加快农业发展方式转变，促进传统农业向现代农业转型，加快发展现代农业必须同步推进农民职业化进程。家庭农场经营者可以纳入新型职业农民培育的范围。2012 年 8 月，原农业部发布《关于新型职业农民培育试点工作方案》。2013 年 5 月，原农业部办公厅发布《关于新型职业农民培育试点工作的指导意见》。

《2014 年国家深化农村改革、支持粮食生产、促进农民增收政策措施》中明确：“2014 年，农业部将进一步扩大新型职业农民培育试点工作，使试点县规模达到 300 个，新增 200 个试点县，每个县选择 2～3 个主导产业，重点面向专业大户、家庭农场、农民合作社、农业企业等新型经营主体中的带头人、骨干农民等，围绕主导产业开展从种到收、从生产决策到产品营销的全过程培训，重点探索建立教育培训、认定管理和扶持政策三位一体的制度体系，吸引和培养造就大批高素质农业生产经营者，支撑现代农业发展，确保农业发展后继有人。”根据原农业部办公厅发布的《农业部 2014 年为农民办实事工作方案》，2014 年要“培育‘生产经营型、专业技能型和社会服务型’三类协同的新型职业农民 100 万人。”

1. 新型职业农民的概念

新型职业农民是指以农业为职业、具有一定的专业技能、收入主要来自农业的现代农业从业者。主要包括生产经营型、专业技能型和社会服务型职业农民。

生产经营型职业农民是指以农业为职业、占有一定的资源、具有一定的专业技能、有一定的资金投入能力、收入主要来自农业的农业劳动力，主要是专业大户、家庭农场主、农民合作社带头人等。

专业技能型职业农民是指在农民合作社、家庭农场、专业大户、农业企业等新型生产经营主体中较为稳定地从事农业劳动作业，并以此为主要收入来源，具有一定专业技能的农业劳动力，主要是农业工人、农业雇员等。

社会服务型职业农民是指在社会化服务组织中或个体直接从事农业产前、产中、产后服务，并以此为主要收入来源，具有相应服务能力的农业社会化服务人员，主要是农村信息员、农村经纪人、农机服务人员、统防统治植保员、村级动物防疫员等农业社会化服务人员。

2. 新型职业农民的认定管理

开展新型职业农民认定工作，建立完整的数据库和信息管理系统，有利于统筹培养和稳定新型职业农民队伍，落实支持扶持政策；有利于实施动态管理，开展经常性培训和跟踪服务，帮助其提高生产经营水平，引导其更好地履行责任和义务。

(1)新型职业农民认定管理的基本原则　新型职业农民认定管理是一项政策性很强的工作，要坚持以下基本原则：一是政府主导原则。由县级以上(含县级)人民政府发布认定管理办法，明确认定管理的职能部门。二是农民自愿原则。充分尊重农民意愿，不得强制和限制符合条件的农民参加认定，主要通过政策和宣传引导，调动农民的积极性。三是动态管理原则。要建立新型职业农民退出机制，对已不再符合条件的，应按规定及程序予以退出，并不再享受相关扶持政策。四是与扶持政策挂钩原则。现有或即将出台的扶持政策必须向经认定的新型职业农民倾斜，并增强政策的吸引力和针对性。

(2)新型职业农民认定管理办法的主要内容　认定管理办法中应明确认定条件、认定标准、认定程序、认定主体、承办机构、相关责任，建立动态管理机制。生产经营型职业农民是认定管理的重点，主要依据“五个基本特征”，充分考虑不同产业、不同地域、不同生产力水平等因素，分产业确定认定条件和标准。重点考虑3个因素：一是以农业为职业，主要从职业道德、农业劳动时间和主要收入来源等方面考虑；二是教育培训情况，根据我国国情、农情和建设现代农业的要求，应考虑把接受过农业系统培训、农业职业技能鉴定或中等及以上农科教育作为基本认定条件；三是生产经营规模，以家庭成员为主要劳动力且不低于外出务工收入水平确定生产经营规模，并与当地扶持新型生产经营主体确定的生产经营规模相衔接。

(3)新型职业农民教育培训制度　①建立新型职业农民教育培训制度。以生产经营型职业农民作为重点对象，根据不同类型新型职业农民从业特点及能力素质要求，科学制订教育培训计划并组织实施。要坚持生产经营型分产业、专业技能型按工种、社会服务型按岗位开展农业系统培训或实施农科职业教育，不能代之以一般的普及性培训或简单的“一事一训”。要尊重农民意愿、顺应务农农民的学习规律，采取“就地就近”和“农学结合”等灵活的方式开展教育培训。要围绕增强教育培训针对性和实效性，加强课程体系和师资队伍建设，创新教学方法，改进考核评价办法。要建立经常性培训制度，各地要着眼帮助新型职业农民适应农业产业政策调整、农业科技进步、农产品市场变化和提高农业生产经营水平，明确经常性培训的主要内容、方式方法、培训机构、经费投入和保障措施，建立与干部继续教育、工人岗位培训相类似的新型职业农民全员经常性培训制度。②积极探索农业后继者培养途径。在对现有务农农民教育培训的基础上，要以保证农业后继有人为目标，开展农业后继者培养，研究制定相关政策措施，吸引农业院校特别是中高等农业职业院校毕业生回乡务农创业，支持中高等农业职业院校招录农村有志青年特别是专业大户、家庭农场主、合作社带头人的“农二代”，培养爱农、懂农、务农的农业后继者。要把回乡务农创业的大学生、青壮年农民工和退役军人等作为当前农业后继者培养重点，纳入新型职业农民教育培训计划。③构建新型职业农民教育培训体系。切实加强新型职业农民教育培训体系建设，不断提高新型职业农民教育培训专业化、标准化水平。要统筹各类教育培训资源，加快构建和完善以农业广播电视学校、农民科技教育培训中心等农民教育培训专门机构为主体，中高等农业职业院校、农技推广服务机构、农业科研院所、农业大学、农业企业和农民合作社广泛参与的新型职业农民教育培训体系，满足新型职业农民多层次、多形式、广覆盖、经常性、制度化的教育培训需求。

(4)农业广播电视学校与新型职业农民培育　农业广播电视学校是公益性农民教育培训专门机构，经过30多年的改革和发展，基本形成了中央、省、市、县四级建制农业广播电视学校和乡村教学点五级办学体系，在我国农民教育培训和农村实用人才培养中发挥着主渠道作用。2013年7月12日，原农业部发布《关于加强农业广播电视学校建设加快构建新型职业农民教育培训体系的意见》明确指出：“培育新型职业农民是系统工程，要坚持‘政府主导、农民主体、需求导向、综合配套’原则，建立完善教育培训、认定管理和政策扶持相互衔接配套的制度体系，大力培养综合素质高、生产经营能力强、适应现代农业发展要求的新型职业农民。在我国这样的农业大国加快发展现代农业，需要培养数以亿计涵盖农业产前、产中、产后，包括生产经营型、专业技能型和社会服务型的新型职业农民，需要加强农业后继者培养和新型职业农民经常性培训。”

加快构建以农业广播电视学校为基础依托的新型职业农民教育培训体系主要体现在以下几个方面：

①加强农民教育培训主体建设。各级农业广播电视学校是我国农民教育培训公共服务机构，是公益性农业社会化服务体系的有机组成部分，是农业部门开展新型职业农民教育培训和农村实用人才培养的主力军。各级农业部门要积极争取当地党委政府和有关部门的支持，把加强农业广播电视学校建设纳入农业社会化服务体系统筹推进，进一步巩固农业广播电视学校农民教育培训主体地位，改善公益基础设施，完善公共服务条件，使其更好地履行农民教育培训、农村实用人才培养、农业技术传播和科学普及等公共服务职能，为构建新型职业农民教育培训体系提供基础依托。

②保持和稳定系统办学特色。各级农业广播电视学校是以资源共享为纽带不可分割的有机整体，具有系统办学的鲜明特色和独特优势。在教育体制改革和事业单位分类改革中，要加强对农业广播电视学校的组织领导和业务指导，加强与相关部门沟通协调，强化公益性事业单位性质，保持农业广播电视学校由农业部门主管的体制不变、公益性事业单位的性质不变、独立设置的办学格局不变，稳定办学队伍，强化办学特色，发挥办学优势。

③构建“一主多元”体系。坚持“政府主导、行业管理、产业导向、需求牵引”原则，聚合优势资源，形成以农业广播电视学校、农民科技教育培训中心等农民教育培训专门机构为主体，以农业科研院所、农业院校和农技推广服务机构及其他社会力量为补充，以农业园区、农业企业和农民专业合作社为基地，满足新型职业农民多层次、多形式、广覆盖、经常性、制度化教育培训需求的新型职业农民教育培训体系。

④建立完善多元参与协作机制。充分发挥各种农民教育培训资源作用，鼓励和支持相关机构积极参与农民教育培训，形成大联合、大协作、大教育、大培训格局。进一步强化农业科研院所、农业院校社会服务功能，鼓励结合科研、教学和推广服务开展农民教育培训。创新农业推广服务方式，支持农技推广服务机构把农民教育培训融入试验示范、成果转化和技术推广中，提高广大农民的技术承接和应用能力。促进农业园区和农业企业发挥产业化经营优势，完善农民教育培训设施条件，建立农民教育培训现场教学和实训基地。农民专业合作社集农民教育培训对象、内容和需求于一体，是农民教育培训服务农业产业发展的有效结合点，要加大对专业合作社参与农民教育培训的扶持力度，组织农民参加教育培训。

(5)中等职业学校与新型职业农民培育　2014年3月14日，教育部办公厅、原农业部办公厅发布《中等职业学校新型职业农民培养方案试行》(以下简称《培养方案》)，培养具有高度社会责任感和职业道德、良好科学文化素养和自我发展能力、较强农业生产经营和社会化服务能力，适应现代农业发展和新农村建设要求的新型职业农民。

《培养方案》确定的招生对象：年龄一般在50岁以下，初中毕业以上学历(或具有同等学力)，主要从事农业生产、经营、服务和农村社会事业发展等领域工作的务农农民以及农村新增劳动力。招生重点是专业大户、家庭农场经营者、农民合作社负责人、农村经纪人、农业企业经营管理人员、农业社会化服务人员和农村基层干部等。以下对《培养方案》确定的中等职业学校新型职业农民培养的教学安排做简要介绍。

第一，在基本学制方面，新型职业农民中等职业教育实行弹性学制，有效学习年限为2～6年，允许学生采用半农半读、农学交替等方式，分阶段完成学业。

第二，在专业类别方面，新型职业农民中等职业教育分为种植、畜禽养殖、水产养殖、农业工程和经济管理5个专业类，每个专业类包含若干专业方向。

第三，在课程设置方面，分为公共基础课、专业核心课和能力拓展课三大类。三大类的课程设置和选择是开放的，学生可以根据自身生产生活实际选择学习需要的课程，也允许各地根据产业发展的实际需要适当调整课程内容或增开其他课程。

第四，在教学形式方面，包括理论教学和实践教学。理论教学采用课堂教学和远程教学，分别组织学生集中学习和分散学习。实践教学包括实验实习、专业见习、技能实训和岗位实践，采取集中与分散相结合的方式进行。

第五，在教学安排方面，应当合理安排教学时间。根据学生生产经营实际和农时季节特点组织教学，上课作息时间要符合农民生产生活规律，理论教学与实践教学交替进行，农忙时多实践指导生产，农闲时多安排理论教学。要注重学生职业能力形成的逻辑性、衔接性和整体性，使教学过程与生产过程紧密结合，并保持教学内容的科学性和连贯性。同时，应当及时公布开课计划。

第六，实行学分制，以学时数考核学习量，以学分认定学习成果。学时与学分按照16个学时折合1个学分计算。学分计算以课程为基本单位。每完成一门课程的学习，通过相应的考试考核，即可获得该门课程的学分。累计修满2720学时、获得170学分即可毕业。并且，学生所具备的相应学习培训经历、职业技能和从业经历，经认定可以折合一定的学分。

学生在学制有效期限内完成规定的课程学习，考试考核成绩合格，达到规定的毕业学分数，即可毕业，获得国家承认的中等职业教育学历，由学校颁发中等职业学校毕业证书。毕业证书标明“新型职业农民中等职业教育”字样和所学专业为《中等职业学校专业目录》农林牧渔类所列相应专业，后附所学专业方向和修习课程清单及学分表，并按照现行中等职业教育管理方式，在省级教育行政部门备案。

三、案例与知识链接

1.现代青年农场主培养计划

国家高度重视新型职业农民培育工作。习近平总书记明确指出，要提高农民素质，培养造就新型农民队伍，把培养青年农民纳入国家实用人才培养计划，确保农业后继有人。2014年，启动实施新型职业农民培育工程。2015年，“现代青年农场主培养计划”正式启动。2016年全国新增1万名现代青年农场主培育对象，开展培训指导、创业孵化、认定管理、政策扶持和跟踪服务，期限为3年，其中培育2年，后续跟踪服务1年。

各地都出台了有关家庭农场主培育的政策与措施，并且实行免费的培养计划，有明确的培训目标、设置科学的培训内容、并增强培训实效，有计划地开展培训。各地也完善了相关政策措施，鼓励中高等学校特别是农业职业院校毕业生、新型农民和农村实用人才、务工经商返乡人员等兴办家庭农场。将家庭农场经营者纳入新型职业农民、农村实用人才、青年农场主等培育计划。除此之外，鼓励家庭农场经营者通过多种形式参加中、高等职业教育提高学历层次，取得职业资格证书或农民技术职称。

国家层面的“现代青年农场主培养计划”，内容是每年选择1万名18～45周岁的现代青年农民，将他们培育为青年农场主。选择的培养对象为18～45周岁之间的种养大户、家庭农场经营者、农民专业合作社骨干、返乡创业大学生、职业院校毕业生、返乡农民工和退伍军人，培养期为3年，其中培育2年，后续跟踪服务1年。主要开设农民素养与现代生活、现代农业生产经营、农业支持保护政策、现代农业创业辅导、家庭农场经营管理、农产品电子商务、农产品质量安全、美丽乡村建设等通用课程。最终目标是通过培训指导、创业孵化、认定管理、政策扶持和跟踪服务等系统培育，打造一支创业能力强、技能水平高、带动作用大的青年农场主队伍。

2. 新型职业农民培训托起绒山羊养殖之梦

“家乡常年干旱少雨，农民靠天吃饭。家中兄弟姐妹5个，父母常年体弱多病，家境十分贫寒。为减轻家庭负担我早早地辍了学。”每当说起自己的成长经历，杨英难掩心中的苦涩。然而这些“宝贵”的经历，造就了杨英坚韧不拔的性格，她心里从未放弃过一个信念：我得自己闯出一条路子，不能这样一辈子穷下去！

2014年，杨英参加了自治区农广校在宁夏吴忠市同心县举办的养殖培训班。杨英说：“自从参加了培训和学习后，才知道自己差距太大了。我就暗暗下定决心，别人都是农民，也没多少文化，能搞养殖，我也一定可以，让自家的日子也好起来。”同年4月，她主动到同心县原农牧局，向主管领导说明了自己的想法和诉求，得到了农牧局领导的鼓励和支持。满怀信心的她，通过亲戚朋友和银行贷款筹到了一部分基础资金后，2015年5月成立了杨英养殖家庭农场，她的养殖业就这样开始了。

杨英养殖家庭农场位于同心县王团镇大沟沿村的自然庄头穆家槽子，沿着蜿蜒的村道，走了半天的路程，记者才见到了杨英，交谈之初，她还有点羞涩，当谈起新型职业农民学习培训和养殖的时候，她的话语多了起来，而且说得有板有眼，朴实的语言里透着坚毅。“没有文化，不学文化是不行的。我经常参加自治区及市县三级农广校组织开展的新型职业农民养殖培训、家庭农场主经营管理培训、新型经营主体带头人培训、田间技术培训等培训班，弄懂了羊为什么不吃草、为什么会减膘、为什么会无缘无故地死了等。所以说，参加了培训后，心里也有了底，有了养殖技巧，眼界一下开阔了。有时候有弄不懂的事情，就赶忙给专家打电话，或者在微信群咨询同行和培训老师。我也清楚，自己文化程度低，我委托朋友和亲戚，从书店和网上买养殖方面的书，书中深奥道理弄不懂的时候，随时请教专家，边学习边记，慢慢地弄懂弄通绒山羊养殖的经验和方法。说透了，没文化真是可怕，稀里糊涂肯定不行，如果不是多参加新型职业农民培训和学习，不是专家教，多看多听多学，我的绒山羊养殖业梦想就泡汤了。”

4年多时间，杨英刻苦学习和钻研，在专家们的精心指导下，她成功培育出适合在宁夏生存的“敏盖绒山羊”，此羊耐粗饲、抗病力强，适应当地环境，产绒量高，经济效益好。

“人活着光不能顾自己，看到还有好多乡亲很穷，我下决心带动他们，跟着我一起养羊，就是一家养两三只都行，不能让他们闲在家”，这是埋在杨英心底的话，也是她心底的盘算，必须带动大家一同好起来。2016 年杨英带头成立了同心县杨英牛、羊养殖营销协会，建立农民田间学校，积极吸纳了 6 户建档立卡贫困户，把自己多年来掌握的养殖技术和管理经验毫不保留地传授给他们，对他们进行耐心指导，为他们提供绒山羊种羊。为了帮乡邻们增加收益，她开启“家庭农场＋农户”模式，让自己的养殖家庭农场和周边的搞养殖的建档立卡贫困户结成联盟，共同发展。在她的示范带动下，更多的建档立卡贫困户积极参与到绒山羊养殖当中来。

“我是本村的建档立卡贫困户，在杨英的带动下，参加了农民田间学校的学习，我们家也养了 50 只绒山羊，自己尝到了甜头，家里的油盐柴米开销有了保障。养羊也对上了大市场，随着价格的不断高涨，我们的绒山羊已销往甘肃、新疆等地，杨英在庄子上教我们养羊，说实话，给我们带来了收入，大家都非常佩服和感谢杨英”，王团镇大沟沿村建档立卡贫困户穆义福说道。

功夫不负有心人，苦尽甘来，截至 2019 年 3 月，杨英的养殖家庭农场累计养羊 2 000 余只，实现销售收入 131 万元，净收入 21 万元。同时，有效带动了本村 6 家建档立卡贫困户，羊存栏达到了 300 余只，户均每年增收了 5 000 元。杨英计划，在今后三年内再带动 18 户建档立卡贫困户或普通农户养羊，大力发展绒山羊养殖产业，争取绒山羊存栏达到 6 000 只。

现如今，杨英成了王团镇远近闻名的养殖致富能手，是同心县新型职业农民的典范，她经营的家庭农场先后被评为“同心县优秀家庭农场”“吴忠市示范家庭农场”“自治区级示范家庭农场”“吴忠市妇女巾帼创业示范基地”。

项目三

家庭农场的经营与管理

任务一　家庭农场的规划创建
任务二　家庭农场的生产管理
任务三　家庭农场的产品营销
任务四　家庭农场的财务管理
任务五　家庭农场的农业文化

任务一　家庭农场的规划创建

一、家庭农场的创建准备

（一）分析创建条件

1. 产业发展与产品供求分析

根据当地农业自然秉赋、气候条件、当地土地性质、土壤情况等，选择特色农业产业。同时要根据消费者的需求，瞄准适宜的消费市场，结合自身优势，找到市场与环境最佳的组合，提供市场最需要的产品。家庭农场主可向有关部门进行政策咨询，或通过网络查询等方式了解农产品价格、供需情况等市场信息，并据此选择生产项目、制订生产方案及组织生产经营活动。

2. 生产经营条件分析

(1)土地　包括地形、地貌、植被、地质水文、土壤等条件。土地状况分析是选择正确经营项目的前提和基础。应该做到因地制宜，发挥自然优势，根据品种特性种植最适宜环境的农作物。

(2)资金　创建家庭农场要有一定的资金准备，根据需要购买的农机、良种、土地流转等费用确定资金需求，并选择多种融资渠道进行资金的筹集。

(3)生产技术　家庭农场经营者应掌握和使用现有的生产技术，并积极关注技术的更新和转化。

(4)田间灌溉设施　分析现有田间灌溉设施是否满足生产需要，加强和完善设施。

(5)农业机械　根据实现规模效益最大化原则选择合适的农机数量及种类。

(6)交通区位条件　根据区位交通条件分析生产成本和将来产品营销的方式，重点分析确定家庭农场经营项目优势和特色所在，明确目标市场，选择合适的销售渠道开展生产经营活动。

3. 地方政府相关扶持政策

了解当地政府有哪些对家庭农场的创建扶持政策，可以享受政府的哪些补贴政策。

（二）进行土地流转

家庭农场要求较高程度的集约化经营和规模化经营，需要家庭农场从普通农户手中流转更多土地。

土地流转合同应该包括以下内容：双方当事人的姓名、住所；流转土地的四至、坐落、面积、质量等级；流转的期限和起止日期；流转方式；流转土地的用途；双方当事人的权利和义务；流转价款及支付方式；流转合同到期后地上附着物及相关设施的处理；违约责任。

(三)筹集资金

家庭农场发展离不开金融支持。一些家庭农场想扩大规模,却遭遇融资难。农业项目投入形不成固定资产,不能抵押融资。多数农场主没有很多可抵押的资产,只能获得小额贷款,但靠少量的贷款只能是杯水车薪。

家庭农场主应该首先分析创建家庭农场需要购入多少农机、良种等生产资料,需要流转多少土地,需要雇佣多少劳动力,以此核算家庭农场创建需要多少资金。其次再根据资金需求量选择合适的融资方式。

(四)高素质的职业农民

劳动力资源是家庭农场创建必不可少的资源要素,劳动力资源包括了劳动力的数量和质量两个方面。随着现代科学技术在农业中的应用和发展,衡量和评价劳动力质量的标准越来越偏重于劳动者的知识和技能。

从市场需求看,目前有5类农民最受欢迎:从一产转向非农就业的技能型农民;从事农业生产和经营的专业型农民;自主经营农产品精深加工、特色商业、服务业等项目的创业型农民;具有技术专长、人格魅力和群众威望的带动型农民;有一定企业经营经验的管理经营型农民。

另外,家庭农场可以根据需要,聘请专业的“农业职业经理人”进行管理。农业职业经理人是一种新兴职业,农业职业经理人不同于农民,它是从一种“身份”的称呼转为“职业”的类型。农业职业经理人是指能适应社会主义市场经济建设和现代化建设的需要,具备掌握国家政策,熟悉新农村建设和经济管理技能,能够胜任工作岗位的“有文化、懂技术、善经营、会管理、能创业”的新型职业农民。

(五)良好的社会服务

近些年,农产品价格暴涨暴跌“菜贱伤农,菜贵伤民”的事件屡见不鲜。导致这种状况的直接原因是信息不对称,大多数农场主无法在第一时间了解到增收信息,获得高效品种,掌握增产技术;即使有了好的农产品,也难以找到好的营销渠道。从这一角度看,部分农场主和普通的农户一样,与千变万化的大市场相比,显得过于“渺小”——缺乏专业人员、缺乏专业信息渠道、缺乏对国内外市场的专业研判,使得家庭农场主难以掌握并有效利用市场信息。农场主主要凭经验、凭对市场的主观判断种植农产品,往往产销不对路。

家庭农场要发展好,需要强化完善的社会化服务,包括政策、贸易、气象、病虫害防治、新技术、新品种等使用信息方面的服务。

(六)政府的政策支持

目前,国家正加大对家庭农场、农民专业合作社和专业大户等新型农业经营主体的支持力度,实行新增补贴向家庭农场、农民专业合作社和专业大户倾斜政策。

家庭农场主应该学习并了解最新的家庭农场扶持政策,并根据自己的家庭农场经营类型、政策扶持需求申请不同类型的扶持和补贴。

二、家庭农场的发展规划

家庭农场作为一个独立的法律主体，对内自主经营，对外承担义务，相应的权利应有法律保障，承担的责任应由法律监督，政府扶持政策更需要一个经过法定程序确认的主体来接受。因此，无论从规范管理还是政策落实的角度，家庭农场主体资格的确认必须经过一定的审核和公示程序，工商注册登记可以作为家庭农场依法成立的前提。

（一）注册类型

目前全国各地对家庭农场的登记方式主要有三种：第一种是登记注册为个体工商户，第二种是登记注册为个体独资企业，第三种则由农业行政主管部门登记发证认定。在这三种方式中，前两种具有法律效应，第三种是一种行政行为。

大部分家庭农场选择登记为个体工商户，这是由于个体工商户的登记条件低，没有注册资本要求，无须验资，登记手续简便快捷，符合法定形式的可当场予以登记，管理宽松。然而，企业形式更符合家庭农场的规模化经营需求，规模化经营是家庭农场的基本特征，经营规模需要以一定数量的从业人员、资产总额、销售额等指标为支撑，而这些都需要通过组织化、规模化的管理和经营方能实现。组织性是企业有别于个人的一大特征，营利是企业的基本目的，以利润最大化为目标进行科学管理的企业特征有利于集聚人员、筹措资金和规范管理。采用企业形式设立家庭农场可以推进家庭农场的经营规模化、组织的规范化，提升产品的品牌效应，从而提高销售额和经营利润。

（二）主体条件

家庭农场顾名思义是以家庭为基础，设立主体应是农户家庭，主要劳动力和从业人员应为家庭成员，即常年从事家庭农场生产经营的人员应有一半以上为家庭成员，季节性、临时性的雇工人员不包括在常年从业人员的基数范围内，或者家庭成员至少有两人直接参与家庭农场的生产经营活动。

（三）经营范围

基于家庭农场的性质，其主要经营范围应限定在《中华人民共和国农业法》第二条所规定的农业生产范围，即种植业、林业、畜牧业和渔业等产业。

除了以农业为基本经营对象，家庭农场还需要有别于种养大户和小农户，其经营领域应充分体现农业的市场价值，需要通过盈利支撑农场的持续性发展。因此，家庭农场必须拓展农业生产功能以外的其他功能，如服务功能、生态功能等，走以规模化农业生产为基础的综合化经营的新路子。这意味的家庭农场必须是具备“三生一服”（生产、生活、生态和服务）功能的经营综合体。

（四）经营规模

家庭农场经营规模的具体标准尚无公认的结论。在确定经营规模之前，必须考虑家庭农场之间的因所在地区、所处时期、经营内容等诸多因素影响而存在的差异性。例如，东北地区家庭承包50亩土地是常态，而浙江地区家庭承包耕地面积往往只有几亩。从宏观层面来看，可能还无法采用一个统一的方法来准确测算其最优规模，更多的是从理论层面进行分析。

（五）土地承包经营权

家庭农场经营所使用的土地是农村土地，依法属于集体所有或国家所有，农民集体使用，家庭农场只有通过家庭承包方式或承包权流转方式才可获得该土地的使用权，无论哪种方式均有法定或者约定的期限限制。土地使用权的相对稳定是家庭农场生产经营规模化和高效化的基础，因此，土地承包经营权的取得及其期限应作为家庭农场成立的必要条件。

三、家庭农场的创建模式

新型农业经营主体是我国构建集约化、专业化、组织化、社会化相结合的新型农业经营体系的核心载体。现阶段，我国新型经营主体主要包括农业大户、家庭农场、农民专业合作社、农业企业等。其中，家庭农场作为专业大户的“升级版”，主要面临着与农民专业合作社和农业企业的关系处理问题。

（一）“家庭农场＋农业企业”

农业龙头企业在家庭农场发展过程中可能发挥的作用是，作为公司可以应对高昂的信息成本、技术风险，降低专用性资产投资不足，提高合作剩余。龙头企业可以和家庭农场或者合作社进行合作经营，或者是“企业＋订单农业”方式，成为农业经营方式上的创新模式。

（二）“家庭农场＋合作社”

目前，农民组织化程度低的重要原因在于分散的小农户缺乏组织起来的驱动力，建设家庭农场为农民的组织化提供了基础。家庭农场需要有较大规模，提高了农户合作的积极性。合作社是实现农民利益的有效组织形式，但是，小规模的生产方式限制了农民合作需求。因为小规模的农户经营加入合作社与否，并不能带来明显的利益。家庭农场则不同，加入合作社与否对其利益的获得具有显著影响，合作的需求就会被激发出来。

家庭农场与小农户生产的区别不仅表现在经营规模上，而且表现在现代化的合作方式上。家庭农场是农民合作的基础。家庭农场为集约化经营创造了条件，家庭农场的专业化经营通过合作社的经营得以实现。从农产品的市场营销而言，一个家庭农场打造一个品牌是很困难的，这就需要农场之间的联合，需要形成具有组织化特征的新型农产品经营主体，需要合作社去把家庭串联起来。组织化和合作社主要解决小生产和大市场的矛盾，当然也解决标准化生产、食品安全和适度规模化的问题，各类家庭农场在合理分工的前提下，相互之间配合，获得各自领域的效益，这样就可以和市场对接，形成一种“气候”和特色。

（三）“家庭农场＋合作社＋龙头企业模式”

“家庭农场＋合作社＋龙头企业”模式也是适宜家庭农场发展的一种较好的模式，它能够把龙头企业的市场优势及专业合作社的组织优势有效结合起来，可以兼顾农户及龙头企业双方的利益，同时借助专业合作社的组织优势，提升家庭农场在市场中的地位。目前，这种模式普遍存在，在专业合作社较弱、缺乏加工能力的条件下，可以选用这样的模式，将家庭农场有效组织起来，构建产、加、销一体化的产业组织体系，实现多赢的效果。

四、家庭农场注册登记

（一）家庭农场的注册

国家规定，乡（镇）政府负责对辖区内成立专业农场的申报材料进行初审，初审合格后报县（市）农经部门复审。经复审通过的，报县（市）农业行政管理部门批准后，由县（市）农经部门认定其专业农场资格，做出批复，并推荐到县（市）工商行政管理部门登记注册。

家庭农场登记需要的申报材料包括：①申报人身份证明原件及复印件；②专业农场认定申请及审批意见表；③土地承包合同或经鉴定后土地流转合同及公示材料（土地承包流转等情况）；④专业农场成员出资清单；⑤专业农场发展规划或章程；⑥其他需要出具的证明材料。

（二）注册登记

申请注册登记的家庭农场名称必须有统一规范。例如，申请登记为个体工商户类型的家庭农场，依据《个体工商户条例》及相关规定办理登记，个体刚商户家庭农场名称统一规范为“行政区划＋字号＋家庭农场”；申请登记为有限责任公司类型的家庭农场，依据《中华人民共和国公司法》及相关规定办理登记，公司制家庭农场名称统一规范为“行政区划＋字号＋行业＋家庭农场＋有限（责任）公司组织形式”；也可以申请登记为个人独资企业或者合伙企业。

家庭农场与一些养殖、种植大户不同，家庭农场有营业执照，可通过开展经营活动，提高自身知名度，随后通过申请注册商标的方法，形成自有品牌。家庭农场在申请注册商标后，其品牌效应会随着品牌知名度提升而不断增强。

五、案例与知识链接

1. 家庭农场与传统农户的联系和区别

（1）联系　家庭农场与传统农户家庭经营都是以农户家庭作为基本生产单位，主要劳动力都是家庭成员。家庭农场是农户家庭经营的一种继承与发展，具有规模优势、技术优势和管理优势等。

（2）区别　一是市场主体地位有差别。家庭农场实行的是自愿注册登记制度，如果家庭农场经过登记注册后取得了工商营业执照，就成为具有法人资格的市场主体。传统农户家庭经营属于自然人经营行为，这在市场化条件下制约了其生产营销等活动。

二是经营规模差距明显。家庭农场经营规模较大，其经营规模一般在50～300亩，而传统农户经营规模较小。

三是商品化程度不同。家庭农场经营活动适应市场需求的变化，商品化程度高，其市场竞争力较强。而传统农户家庭经营主要是自给自足，商品化程度低，市场竞争力较差。

四是收入来源有差别。家庭农场收入的主要来源是农业，而传统农户家庭经营大多是兼业，农业生产收入在家庭收入中所占的比重较小。

2. 粮食类家庭农场

粮食类家庭农场是以种植水稻、小麦、玉米等农作物为主的家庭农场，应根据各地生产条件进行合理的项目选择和生产茬口布局。其主要特点有：

(1)规模较大　该类农场规模根据自然经济条件，农村劳动力转移，农业机械化水平等因素，确定农场经营规模。从调查来看，粮食生产家庭农场，一年两熟地区户均耕种 50～60 亩，一年一熟地区 100～120 亩，各种资源配置效率高。

(2)专业化水平比较高　随着商品化程度的提高，社会化服务体系的日益完善，从产前种子、生产资料供应、产中作物生产活动和产后加工、运输、销售等活动都有专门的农业服务机构承担，而家庭农场主工作主要集中在产中生产环节。

(3)机械化水平较高　主要粮食作物基本上实现了全程机械化生产，如水稻从播种、田间管理到收获都是机械化生产。

(4)粮食保质期相对较长　市场风险相对较小，价格相对比较稳定。

(5)国家政策扶持力度大　具体包括：良种补贴、粮食最低价格收购、粮食直补、农资综合补贴、产粮大县补贴、旱粮种植直接补贴等粮食生产补贴；测土配方施肥补贴、病虫害防治补贴以及农机具补贴等农业科技推广示范项目补贴。

3. 园艺类家庭农场

园艺类家庭农场是生产蔬菜、果品、花卉、茶叶、食用菌等园艺作物的家庭农场，其主要特点是：

(1)规模相对较小　如苹果最适规模在 10 亩左右，远低于粮食类农场生产规模。

(2)投入成本大、技术要求高、用工多　前期需要大量的基础设施投入，现代温室和植物工厂前期投资较多。园艺产品生产属于劳动密集型产业，用工多，机械化程度相对较低。

(3)园艺产品易采取设施栽培技术　可以实行反季节农产品供应，附加值高、效益较高。

(4)市场风险大、价格波动大　园艺类产品不耐贮藏，保质期较短，必须在短时间内销售出去，否则损失较大。由于园艺产品常常市场供求关系不平衡，价格易发生较大的波动。

4. 畜禽(水产)类家庭农场

畜禽(水产)类家庭农场是以畜禽和水产养殖为主的家庭农场，其主要特点是：

(1)养殖类家庭农场前期投资较大　如建造现代化的猪舍、羊舍、鸡舍等投资较大，再加上猪苗、种羊等的购买，也需要大量资金。

(2)疫病防控风险大　畜禽易患疾病，小的疾病可以通过及时发现、及时用药进行有效防治。有些疾病若未得到有效控制，可能发展为疫情。按政策规定，若确认发生疫情，方圆2.5公里内全部捕杀。捕杀时给农户的补贴较低，导致养殖户损失惨重。

(3)生产污染相对较大　需要配套废弃物、污水处理设施或采用种养结合方法，有效控制污染，保护环境。

(4)肉类价格波动幅度相对较大　家庭农场应充分进行市场分析，调整生产规模，以避免价格大起大落带来的损失。

5. 种养结合类家庭农场

种养结合类是一种比较常见的家庭农场经营类别，种养结合类家庭农场主要有以下一些具体形式：粮食与畜禽养殖结合；园艺与畜禽养殖结合；粮食与水产养殖结合；园艺与水产养殖结合；粮食、园艺与畜禽养殖结合。

其包括以下几个主要特点。

(1)经济效益较高　种养结合生态家庭农场总体效益较好，种养结合可充分利用各种资源，利用生态方法提高动植物的品种质量和抗病、抗逆性，有利于增加产量、节省各类成本，如种养成本、防疫成本、污染防治成本等，经济效益十分可观。

(2)生态效益显著　种养结合循环模式，利用植物秸秆作为畜禽的饲料，畜禽的粪便作为有机肥，粪便得到了合理的处理和利用，减轻了环境污染、变废为宝的同时改善农村生态环境和生存环境。

(3)农产品品质好　种养结合减少了农药、化肥的使用，减少了农村大环境污染，农户可以获得绿色有机农产品，提高了农畜产品的附加值，有助于保证农畜产品品质。

(4)抗风险能力强　实行种养结合，农户可以横跨种养两业，在市场博弈中掌握更多的资源和规避市场风险的工具。如在玉米价跌时，可以利用手中的玉米饲养畜禽，利用畜产品行情好的机会提高综合收益。

6. 休闲观光家庭农场

休闲观光家庭农场以农业休闲观光作为主产品，满足市民观赏农业景观、体验农业生产过程、感受农村民俗风情、采摘或购买农副产品的需求。其主要特点是：

(1)经济效益高　一二三产业相融合，产业链比较长，以服务业为主，以种植业(养殖业)、农产品初加工为辅，其附加值较高，游览观光、休闲、科普、农技推广、农产品展示、销售、特色餐饮、宠物养殖等多种功能开拓，带动第三产业发展，极大提高经济效益。

(2)市场需求大　近年来，人们经济能力和休闲观光意识不断提高，乡村旅游发展迅速，人们对农业观光、休闲体验、养生、教育等有着巨大的需求，符合条件的生产型农场向休闲观光转型是一个必然的趋势。

(3)注重文化品质的开发　围绕农场所在地的历史文化、民族风情、农耕文化等大力提升农场的文化品质内涵，为游客打造高品位的生态农业旅游，可通过举办各类农业节庆活动，如丰收节、播种节等活动，展示地区文化特质和风俗民情。

7.家庭农场登记注册注意事项

(1)登记注意事项　在登记中，从事的经营范围以种植、养殖业为主；家庭农场可自主申请登记为个体工商户、个人独资企业、合伙企业或者公司。

(2)家庭农场登记后的备案　由于各地对于家庭农场的管理办法有差异，如果本地采取工商部门与农业部门双重管理制度，经工商部门进行登记以及变更后，在规定期限内，要向当地农业部门报送备案材料。

(3)家庭农场年检与审查　家庭农场登记注册以后，是否进行年检与审查，年检是否收费，目前各地规定不一。上海市松江区在家庭农场管理中引入了“退出机制”，要求新进家庭农场经营者试用一年，年度考核不合格的，自动终止家庭农场承包经营协议；考核合格的，成为正式家庭农场经营者。对于“家庭农场经营者取得家庭农场经营权后，不直接参加农业生产和管理，常年雇用其他劳动力”的农场主，直接取消其家庭农场经营者资格。江苏省则明确要求，经登记的家庭农场应根据自身登记的市场主体类型，每年在规定的时间内向登记机关申请办理年检验照，并报送相关经营信息。山东省提出，对家庭农场实施动态管理制度，对认定批准的家庭农场，两年审定一次，并且免收年检费。湖北省要求，工商部门应依照家庭农场的设立条件，对家庭农场进行资格审查，但对于家庭农场变更、备案、注销登记和年检(验照)事项，没有做具体表述。

(4)为了鼓励家庭农场发展，工商部门依法免收家庭农场注册登记相关费用。

8.黄春海的家庭农场

黄春海的家庭农场位于江苏省，家庭现有人口4人，常年雇工1人，季节性雇工15～20人。他们的庭农场建于2004年，种植面积50余亩，后在当地政府的支持下，陆续增加土地流转面积，现生产规模扩大至500亩。黄春海家庭农场以粮食生产为主，规模种植武运粳23号水稻新品种，并应用统一育秧、统一机插的机械化生产技术，水稻亩产超过650千克，小麦亩产达450千克以上，农场年纯收入达到50万元，真正体现了规模种植的优势。另外，黄春海家庭农场还为周边农户、家庭农场提供农机服务。投入各类农用生产机械30余台(套)，投资总额近300万元，获取农机购买政府补贴30%。每年农机服务收入30万元。

农场主黄春海长期从事粮食种植和农机服务，他获得的证书有厚厚一叠，其中包括粮食生产专业农民实用技术培训班的结业证书；省、市农业生产竞赛优胜奖荣誉证书；农机、植保技能证书和示范家庭农场资格证书等。由此可以看出，提高家庭农场主要劳动成员的素质是提升家庭农场经营效益的关键。

江苏省常州市金坛区指前镇黄春海家庭农场是典型的适度规模经营家庭农场，家庭劳动力是他和妻子、儿子、儿媳4人。500亩规模给该农场带来最佳的经营效益，加上农机服务、粮食烘干等经营收入，收入水平大大超过了当地城镇居民平均收入，农场的规模化、专业化、商品化水平越来越高。

9. 袁建峰回乡创办“农旅结合”家庭农场

科学规划对于家庭农场的创建是十分重要的，很多家庭农场失败的原因就是没有做规划或者规划不科学合理。

随着中央和地方有关大力推动家庭农场发展的文件的出台，越来越多的年轻人进入农业领域，投资创办家庭农场。浙江省衢州市袁建峰就是其中之一，他放弃了城市白领的工作，把多年的积蓄全部投资农业，创建家庭农场。但是摆在他面前的问题有很多，比如家庭农场如何注册登记？需要准备哪些材料？有哪些程序？创建多大规模的农场？选择什么种养殖项目？资金如何筹措和使用？有哪些政策优惠可以利用？在创建之初，他没有任何头绪。他向当地农业部门咨询，并参加了几期家庭农场主培训，实地察看了一些家庭农场，对家庭农场创建工作有了基本的了解，逐渐明确了家庭农场创建的思路和方向。于是他聘请了具有农场经营经验的专家，帮助他进行设计规划，通过市场调研分析，依据当地农业资源特色，以及浙江省衢州市农业产业发展规划，确定了“农旅结合”的经营项目，并制订了资金的筹措和使用计划以及项目布局、基础设施建设等方面的规划。通过提前规划设计，对资金的筹措和使用进行合理安排，有效减少了资金浪费和摸索成本，保证了投资效益的实现。

“农旅结合”是一二三产业融合发展、生态循环的新模式。家庭农场把畜禽养殖和蔬菜、果品种植相结合，把种养和休闲旅游相结合。具体做法是利用畜禽粪便制沼气，有机肥供农场种植有机蔬菜、水果、优质牧草使用，牧草喂养畜禽，既减少了饲料成本，又使其肉质更好，形成种养结合、循环经济。

同时发展家庭农场种植和休闲旅游，农场种植了高品质的蔬菜、水果供游客采摘，并开发了小块土地租赁等其他项目。农场根据地势、环境建造几座木屋，作为生态餐厅，菜肴原料自产，成本低，新鲜、无污染，吸引游客用餐。因此，“农旅结合”家庭农场的效益是一般农家乐或其他同等规模农场的几倍。

10.“家庭农场+合作社”成功案例

浙江省海盐县的20个家庭农场联合组建的万好蔬菜合作社，产前与当地的食品公司签订蔬菜购销合同，产中由合作社提供技术、管理、培训在内的专业化服务，产后由公司以保护价收购农产品。有了万好蔬菜合作社的全程服务，家庭农场生产经营没有后顾之忧，专心、专业按标准进行生产。目前，这个县以“订单农业”形式开展生产的家庭农场占家庭农场总数的67%，家庭农场52%的订单通过合作社获得。

单个家庭农场难以对接大市场，由联合组建的合作社来进行产前、产中、产后的统筹经营和服务，不但提升了合作社的市场竞争力和经营效益，更重要的是提高了家庭农场的经营水平，降低了家庭农场的经营风险。

目前，“合作社+家庭农场”模式的另一种形式也逐渐发展起来，由多个家庭农场把各自的农业机械、装备集中起来，成立专业化的农机服务合作社，其服务范围不仅局限于合作社的成员，还服务合作社以外的家庭农场、农户等经营主体，按市场行情收取费用，这种模式不仅解决了合作社自身成员的服务需求，提高了农业机械、装备、技术人员的利用率，也提高了合作社的服务收益。

11. 安徽宿州探索“龙头企业＋合作社＋家庭农场”的产业联合体

“龙头企业＋合作社＋家庭农场”组成了一个产业联合体，在产业联合体内，各经营主体通过交易联结、互助联结和资产融合等方式，相互间建立了稳定的利益联结机制。农业企业统一制定生产规划和生产标准，以优惠价格向家庭农场提供种苗及农业生产资料，并以高于市场的价格回收农产品；合作社统一向家庭农场提供技术、信息服务等；家庭农场按照标准进行生产，向农业企业提供安全可靠的农产品。

这样的产业联合体的实践探索，已经初步取得了效果，在安徽宿州埇桥区灰古镇现代农业综合示范核心区内，一眼望去，绿油油的玉米苗长势喜人；一排排自动喷洒机正在为万亩连片的玉米田浇水。

据中国农业新闻网报道“淮河种业粮食产业联合体”由宿州淮河种业、淮河农机合作社、利民种植合作社及16个家庭农场构成，经营土地面积近万亩。家庭农场的经营收入显著提高，年人均收入在5万元以上，联合体让农场主种地更有劲儿。

安徽宿州市“现代农业产业联合体”的实践创新不仅培育了现代农业的市场主体，而且通过土地经营流转，加快了现代农业土地集约发展。完善的农业服务体系让家庭农场、合作社和龙头企业实现了三方共赢，让农业更有生机，让农民更加富裕。

任务二　家庭农场的生产管理

一、家庭农场的生产计划管理

(一)计划与计划管理

计划是为实现管理目标而进行的具体安排。生产计划则是对生产活动的具体安排。计划管理就是计划的编制、执行、调整、考核的过程。

1. 长期经营计划

长期经营计划是生产单位5年、10年或者10年以上的发展方向、经营规模和主要技术经济指标的纲要性计划，又称战略经营计划或者远景计划。一般包括：

(1)科研和新产品开发计划　明确产品品种发展方向、新产品开发和老产品整顿任务，有关探索性的科研项目等。

(2)固定资产投资计划和改造计划　规定在一定计划期限内的设备更新、技术改造、产品品种结构调整和环境保护等项目及其完成的进度、费用预算和预期达到的目标等。

(3)生产能力利用计划　规定设备、厂房、仓库、运输工具等设施的报废、更新、处理、添置等的数量、时间和费用预算等。

(4)人才开发和职工培训计划　规定智力投资、人才开发、职工教育和技术培训的人数、时间和费用预算。

(5)主要技术经济指标的发展计划　规定利润目标、产品质量指标、产品成本指标、劳动生产率增长指标、流动资金周转速度指标、能源消耗和材料利用指标等。

2.年度经营计划

年度经营计划是由年度销售、生产、供应、财务、成本计划等构成的综合性计划。它是长期经营计划的具体化的实施方案。年度生产计划一般包括：

(1)销售计划　根据市场预测和订货合同编制，是编制生产计划的重要依据，它规定在计划年度内销售产品的品种、数量、销售收入、销售利润、交货期、产品质量和销售渠道等，是保证利润计划实行的关键性计划。

(2)生产计划　以销售计划为主要编制依据，它规定在计划年度内所生产的产品品种、质量、数量和生产进度以及生产能力的利用程度，是编制劳动工资计划、物资供应计划和技术组织措施计划的依据，它规定在计划年度内为完成生产计划所需的各类人员的数量、定员、定额，劳动生产率提高水平，工资总额和平均工资水平，奖励制度和奖金，职工培训指标等，对企业提高劳动生产率、提高职工的文化和技术业务水平起重要作用。

(3)新产品试制计划　它是新产品开发计划的具体落实。

(4)物资供应计划　根据生产计划、新产品试制计划和技术组织措施计划等编制，起合理利用和节约物质、减少资金占用的作用。

(5)产品成本计划　以生产计划、劳动工资计划和物资供应计划为编制依据，对企业节约人力、物力、财力和增加盈利起保证作用。

(6)财务计划　包括固定资产计划、流动资金计划、利润计划、专用基金计划和财务收支计划，是企业生产经营状况的综合反映。

(7)其他计划　包括设备维修计划、工具生产计划、动力计划、动能生产计划和运输计划等。

(二)家庭农场的长期经营计划

目前，中国家庭农场尚处于起步阶段，是一种发展过程中不断改进和完善的新型农业经营主体。但有一点是非常明确的，家庭农场是一种长期存在并需要不断发展的经营主体，因此家庭农场必须制订长期经营计划。家庭农场的长期经营计划包括以下内容：

(1)生产计划与生产布局　生产计划是核心，主要包括安排哪些生产经营项目，每种生产经营项目的经营规模如何，各生产项目在时间上的配置情况，各生产项目在空间或地域上的安排，不同生产项目之间如何协调等。

(2)产品销售计划与营销策略　家庭农场经营者在制定经营决策时就应考虑产品销售，但具体某种产品的销售量、销售时间、市场去向、营销策略等则应在销售计划中体现。

(3)基础设施建设计划　具体指农田水利设施建设、建筑物、道路建设、高标准农田建设等的时序安排和总体计划，同时应考虑这些设施的常年维护保养。

(4)固定资产投资计划和改造计划　具体指农业机械设备的购置计划和更新报废计划。工业企业的机械设备一般按照十年折旧制提取折旧费，同时也按十年使用期更新机械设备。

但是由于农业机械在田间操作，风吹、日晒、雨淋、冷冻等导致其使用寿命大幅度降低，而大多数农业机械设备一年内的实际使用时间较短，从而导致锈蚀时间长，因此，农业机械设备的使用寿命一般只有五年左右。

（5）技术引进计划　具体指引进和应用新品种、新技术、新工艺等的计划安排。在制订长期经营计划时需要考虑技术引进，但农业科学技术发展迅速，实际技术内容必须在实施时灵活调整和具体化。

（6）培训计划　家庭农场经营者必须拓宽视野，积极参加政府举办的各类培训班，不断提升自己的技术素质和管理水平。

（三）家庭农场的年度生产计划

（1）年度生产计划　计划年度内安排哪些生产项目，每种生产项目安排多大规模，各生产项目的具体安排和产量目标等，都应在年度生产计划中做出具体安排。

（2）物资供应计划　每个生产项目所需要的生产资料都必须有明确的来源，必须有可靠的数量保证和质量保证，以充分保证家庭农场生产经营活动的顺利进行。

（3）资金保障计划　根据年度生产计划，不同时段有不同的资金需求，必须有资金保障计划来保障家庭农场的流动资金需求，还要保障设备购置、维修维护等资金的来源，在自有资金不足或资金回笼不及时的情况下，必须有相应的融资计划和方案，保证家庭农场资金流动通畅。

二、家庭农场的生产过程管理

（一）生产过程管理的目的

在生产过程中，通过劳动者运用劳动工具（包括机械设备），直接或间接地作用于劳动对象，使之按预定目的变成产品。生产过程管理是以最佳的方式将生产的要素、各环节和各方面资源有效地结合起来，形成生产系统，以最少的消耗，取得最大的生产成果和效益。

家庭农场的农业生产过程，一方面是原材料或农业生产资源、设备工具、劳动力等生产要素的投入；另一方面是农产品的输出。农产品的生产过程，包括从准备生产该种产品开始，直到把它生产出来为止的全部过程。家庭农场的生产过程是一个复杂的系统，生产过程管理的目的就在于使这一复杂系统达到以下状态：

（1）连续性　产品在生产过程中始终处于运动状态，通过各环节、各阶段、各工序时，在时间上能紧密衔接。家庭农场生产过程管理的关键是要保证针对农业生物生产发育特征和高产优质安全的生产目标，合理组织农事操作，保证各阶段、各环节的劳动作业准确到位，如动物养殖中饲喂时间、投料数量等都应有量化要求，保证饲喂操作的连续性才能保证动物处于良好的生长发育状态。

（2）平行性　生产过程中各项活动、各道工序，凡是在时间上同时交叉进行的，则必须有效地组织平行作业。家庭农场生产管理中的平行性，既有多种生产经营项目在同一时间段都具有劳动操作要求的问题，也有同一生产项目可能在同一时间段有不同农事操作要求的问题，经营者必须合理安排劳动力，有效地组织好这些平行作业。

(3)协调性　生产过程中各阶段、各工序之间，在生产能力上应保持一定的比例关系，各生产环节的劳动力配备、设备设施安排、实际生产能力等，都要能满足生产的要求，并保持相互协调。

(4)均衡性　家庭农场的各个生产环节的工作，都能按照计划进度进行，保持负荷和产品产出的相对稳定，不发生"或高或低、前松后紧"的现象。均衡性就是指有节奏地进行生产，在相同的时间内大致完成相同的产量。这要求生产者要避免各个生产项目发生冲突，保证产品质量，保证安全生产，保证人力和设备的负荷正常，减少流动资金的使用，降低生产成本。

(二)生产准备管理

生产准备是指生产活动进行之前，必须要做好相关准备，包括物资准备、设备设施准备、劳动力准备等，如果生产过程中需要依托某些合作关系，还必须事前协商好并签署合作协议。家庭农场的生产准备管理具体包括如下内容：

(1)相关合作协议的签署　家庭农场经营者可能将一些生产性项目外包给专业企业或者农民专业合作社，如机械作业、统防统治、产品烘干等，也可能聘请专家进行技术咨询和技术服务，这类合作关系均必须事前签署协议，实现对合作双方的共同约束，保证生产过程的顺利进行。

(2)农业生产资料的准备　种子、农药、化肥、饲料、饵料、生长调节剂、燃油等消耗性材料均必须在生产前采购到位并妥善保管，采购农业生产资料时，必须根据年度生产计划和生产资料的季节性需求特征，详细了解需求的物资的规模、质量等，在保证生产资料供应的前提下尽可能降低生产成本。

(3)设备设施与场地准备　检查生产过程中需要使用的农业机械设备和其他农业设施是否处于良好状态，有问题必须及时处理，做好生产准备。

(4)劳动力准备　家庭农场的自有劳动力通常时刻处于准备状态，关键是若需要季节性临时雇工必须提前联系和约定。

(三)生产组织管理

生产组织管理是对生产过程进行合理组织、指挥、协调和督促，对生产的各个阶段、各个环节进行合理安排，以最佳方式将各种生产要素结合起来。家庭农场的生产组织管理在多数情况下是夫妻二人事先商量后付诸行动，本质上已经将复杂问题简单化，使生产组织管理变得很简单和切合实际。但是，家庭农场的生产组织管理必须关注以下三种特殊情况。

(1)作业环节的衔接管理　农业生产过程是一个复杂的农事操作系统，生产组织中必须合理安排好各种衔接关系。种植业生产中，要处理好不同种植制度的茬口衔接，如早稻—晚稻—油菜三熟制中，三季作物的茬口衔接设计很重要，要保证三季作物都能正常成熟，必须选择适宜的早熟品种并尽量采用育苗(秧)移栽；采用育苗(秧)移栽必须提前育苗(秧)，并设计好苗圃(秧田)与大田的比例关系。

(2)平行作业的整体调度　家庭农场是一个农业生产单位，可能同时开展多个项目的生产，可能在同一时间段内同时需要开展多项农事操作，这就需要经营者合理安排、有效调度，保证不误农时、不误农事，种植类家庭农场在春、夏、秋三季尤其突出。以蔬菜生产类家庭农场为例，不同蔬菜的生长季节不同，同时生产多种蔬菜时，可能在一段时间内甲种蔬菜需要育苗、乙种蔬菜需要施肥、丙种蔬菜需要施药防病、丁种蔬菜需要采收，这时的劳动安排需要以小时为单位协调安排，保证平行作业的农事操作都能按时完成。

(3)合作关系的衔接与协调　家庭农场与专业公司或农民专业合作社就合作关系签署协议后，后续管理还需要家庭农场经营者的衔接与协调。例如，家庭农场将机械作业外包给某个农机专业合作社，但机耕、机播、机收的具体安排是很复杂的，如 3 月初要进行早稻秧田耕种、4 月份要进行早稻大田耕整……在实施具体的机械作业之前，家庭农场经营者都必须事前与合作社进行协商预约，对方在约定时间未履约还必须考虑应急处理。统防统治虽然是按片区统一管理，但在家庭农场的生产过程中可能发生特殊情况，必须及时采取措施。

(四)田间作业管理

企业的车间作业管理是完成生产活动的具体实现过程管理，包含作业派工管理、工单管理、完工维护、现场作业管理、装机登记确认、调试修复登记单管理、转运管理、货架管理、工时维护、物料消耗统计及维护和查询。家庭农场的田间作业管理不同于企业的车间作业管理，以家庭成员为主要劳动力的特殊机制使家庭农场的田间作业管理环节简化，也不需要工单体系和劳动成果等级体系等，不仅简化了管理，还降低了家庭农场的生产成本。家庭的利益共同体机制，不需要生产过程监控体系，形成了家庭农场田间作业的全员参与管理机制和全过程管理机制。

(1)外来服务的质量保障　统防统治、机械作业等外包项目，虽然在协议中明确了双方的责、权、利，但实际操作过程中也还存在一些问题，需要家庭农场经营者及时检查督促或现场监管，通过事前或事中监控来避免不必要的损失。

(2)外来劳务的管理　养殖类家庭农场可能聘请长期雇工，种植类家庭农场也需要季节性临时雇工，对于外来劳务，家庭农场也应注意劳动力管理，可以考虑采用计件制(按件计酬)、定额制(按项目事先议定报酬)，对于无法采用计件制和定额制的农事操作，应尽量安排家庭成员与雇工一起完成农事操作(如水果蔬菜的采收)，既可以融洽感情，又客观上起到了生产过程监控的作用。

(五)生产应急管理

家庭农场的生产经营过程中可能发生不同性质的突发事件，如何应对突发事件，尽量减少损失，是家庭农场经营者必须具备的管理意识和管理能力。

(1)自然灾害　连续长时间干旱，家庭农场的灌溉系统不可能满足灌溉需求，必须采取应对措施，组织人力提水抗旱，尽量减少损失；洪涝灾害是农业生产所必须面临的自然压力，在努力建设良好的排灌系统的前提下，一旦发生洪涝灾害，必须采取措施排涝防渍。

(2)有害生物　作物病虫鼠害、动物传染性疾病等的发生，有可能给家庭农场带来灭顶之灾，必须坚持预防为主、防治结合的原则，经营者应经常深入田间地头观察，准确把握动态，及时采取措施。

(3)安全事故　安全生产是任何生产领域都必须高度重视的大事，家庭农场的生产活动中，有可能发生电击、机械损伤、跌伤等安全事故，家庭农场经营必须有一个基本观念：发生家庭农场安全事故，第一责任人是家庭农场经营者，必须坚持先救人的原则做好相关处理工作，事故责任分摊或追究应作为善后处理工作的内容。

三、家庭农场的产品质量管理

对家庭农场生产产品的质量监控属于家庭农场产品质量管理的重要环节，农产品质量安全追溯体系和“三品一标”认证体系的建立和完善有利于对家庭农场产品质量的管理。

（一）农产品质量安全追溯管理

可追溯性是利用已记录的标识（这种标识对每一批产品都是唯一的，即标识和被追溯对象有一一对应关系，同时，这类标识已记录保存）追溯产品的历史（包括用于该产品的原材料、零部件的来历）、应用情况、所处场所或类似产品的能力。

1. 农产品质量安全追溯体系的建立和实施

实施可追溯性管理的一个重要方法是在产品上粘贴可追溯性标签或直接将产品信息印刷在包装上。可追溯性标签记载了农产品的可读性标识，通过标签中的编码可方便地到农产品数据库中查找有关农产品的详细信息。通过可追溯性标签也可以帮助企业确定产品的流向，便于对产品进行追踪和管理。目前，农产品质量安全可追溯管理主要有以下几种类型：

（1）电子式追溯管理　电子式追溯管理是以电子化信息为手段、检测合格为控制点、追溯码贯穿始终的农产品质量安全追溯管理体系，能实现农产品质量电子信息的正向监控和逆向追溯。这种方法适用于散装的农产品，如蔬菜、水果、水产品、畜产品和茶叶等，可采用二维码（一维码）信息进行追溯，也可采用芯片信息进行追溯。

采用二维码（一维码）信息进行追溯，各地有不同的软件设计和应用，消费者可以利用自己的手机或者计算机查询（图 3-1）。追溯方式可分为三种类型：采用计算机追溯、采用耳标信息追溯和采用防伪码标识进行追溯。

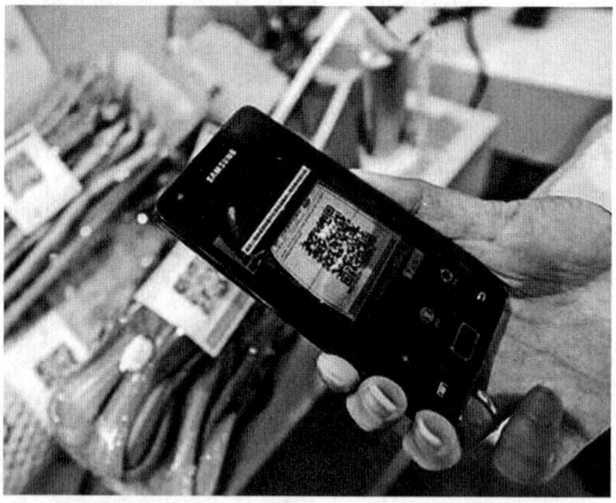

图 3-1　二维码式信息追溯

（2）书写式追溯管理　利用纸质材料，用手工书写的方式传递产品信息，实现可追溯。这种方法是在没有电脑或电子信息系统的情况下使用的，其优点是简便，缺点是纸质材料易破损甚至字迹不清。

首先是实行产地证明制度。产品附有产地证明，写明业主、产地、产品合格性、出品时间、销售去向等可追溯信息。一般情况下，产地准出证明由生产者出具。

其次是实行“一票通”管理。产品进入市场后，经营者按产地证明信息书写“三联单”，产品在流通过程中“三联单”始终跟随。消费者实现追溯管理的基础是在生产领域控制好农产品的质量安全信息。

（3）包装式追溯管理　包装式追溯是指具有追溯功能的包装（图 3-2，图 3-3），即对每一个产品的外包装进行标记，且每一个产品标识都是唯一的，使标记和被追溯对象有一一对应关系，使用包装式追溯具有以下优点：可追溯性包装能够识别直接供方的进料和终产品的分销途径；可追溯性包装具有唯一标识，其产品的个体和批次标识都具有唯一性；通过可追溯性包装上的标识，可以了解到产品或者厂家相关信息，如地址、联系电话等；企业可以通过可追溯性包装来加强对分销商的控制，有利于防伪、防"窜货"。

图 3-2　甜椒包装上的可追溯二维码

图 3-3　鸡吊牌带有可追溯信息

(二)农产品质量安全的追溯管理要求

1.生产环节的控制要求

(1)投入品记录　农产品生产过程的苗种、饲料、肥料药物等投入品，在进货时，应收集进货票据并进行登记。

(2)生产者建档　农产品生产者按"一场一档"的要求建立生产者档案。农业生产的管理部门应建立农产品生产基地和企业的档案，进行信息登记，并向登记的生产者发放"农产品产地标志卡"，内容应包括唯一性编号、基地名称或代号等信息。

(3)生产过程记录　种植过程记录内容包括种植的产品名称、数量、生产起始的时间、使用农药化肥的记录、产品检测记录。养殖过程记录包括养殖种类和品种、饲料和饲料添加剂、兽(鱼)药、防疫、病死情况、出场(栏)日期、各类检测等记录。

(4)销售记录　农产品从生产到流通领域时，农产品生产者要做好销售记录。内容包括销售产品的名称、数量、日期、销售去向、相关质量状况等。

2.从生产到流通的对接要求

生产领域的农产品进入流通领域时，应向流通领域提供相关农产品产地标识卡、产地证明或质量合格证明等；交易时应向采购方提供交易信息票据，内容应包括品名、数量、交易日期、供应者登记号等信息。

3.农产品质量安全追溯管理各相关方的职责

农产品生产企业是生产领域质量安全追溯管理的第一责任人，其应进行产品质量安全的控制、农产品溯源台账的建立和管理等工作；农产品生产的管理部门负责组织生产领域农产品质量安全相关的培训、宣传，建立生产基地台账，发放相关产品产地标志。

4.实行严格的产品质量控制制度

(1)农产品出场时，生产者应进行农药残留或感官性状的自检；农业管理部门按监督检测制度实施农产品的抽查、检测，并公布检测结果。

(2)生产者发现产品不合格时,应及时采取措施,不得令不合格品进入流通领域。当流通环节的农产品被确认有安全问题时,生产者应做好追溯、召回工作。

(3)农业生产的管理部门应监督质量安全的追溯工作,当不合格农产品已进入流通领域,应要求生产企业召回不合格产品,按溯源流程进行不合格产品的追溯。

(三)农产品质量认证

1. 农产品质量认证的概念

农产品质量认证的目的是保证农产品的质量符合要求,是具有认证资格的机构依据相关的技术规范、强制性要求或标准对农产品质量的评定。当前我国农产品质量认证主要有无公害农产品认证、绿色食品认证、有机农产品认证和农产品地理标志登记 4 种类型,简称“三品一标”。“三品一标”是我国政府主导的安全优质农产品公共品牌,是当前和今后一个时期农产品生产消费的主导产品,是农业发展进入新阶段的战略选择,是传统农业向现代农业转变的重要标志。

(1)无公害农产品　无公害农产品是指产地环境符合无公害农产品的产地生态环境质量要求,生产过程必须符合规定的农产品质量标准和规范,有毒有害物质残留量控制在允许范围内,安全质量指标符合无公害农产品(食品)标准的经专门机构认定许可使用无公害农产品标识的产品。无公害农产品不是指不使用农药,而是合理使用化肥和农药,在保证产量的同时,确保产地环境安全和产品安全。

(2)绿色食品　绿色食品是在无污染的生态环境中种植及全过程标准化生产或加工的农产品,严格控制其有毒有害物质含量,使之符合国家健康安全食品标准,并经专门机构认定,许可使用绿色食品标志的食品。

(3)有机食品　有机食品来自有机农业生产体系,根据国际有机农业生产要求和相应的标准生产加工的、通过独立的有机食品认证机构认证的食品。在生产加工过程中绝对禁止使家农场用化肥、农药、除草剂、合成色素、激素等人工合成物质。

(4)农产品地理志　农产品地理志是指标示农产品来源于特定地域,产品品质和相关特征主要取决于产地自然生态环境和历史人文因素,并以地域名称冠名的特有农产品标志。

2. 农产品质量认证程序

农产品质量标识是附于获得“三品一标”农产品认证的产品或者其包装上的证明性标记(图 3-4)。凡获得“三品一标”农产品认证证书的单位和个人,均可以在规定的范围内使用。其认证程序如图 3-5 所示。

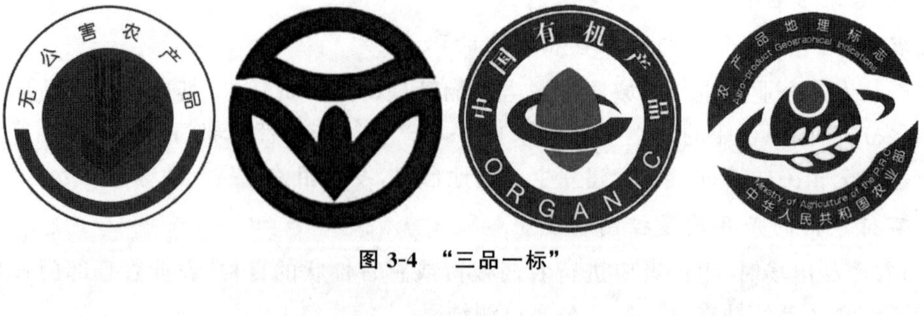

图 3-4　“三品一标”

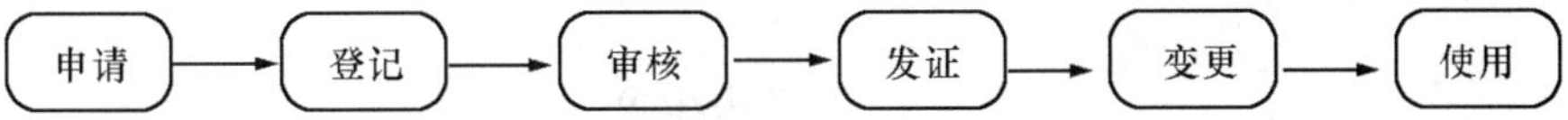

图 3-5 农产品质量认证程序

3."三品一标"农产品认证机构

"三品一标"农产品认证机构如表 3-1 所示。

表 3-1 "三品一标"农产品认证机构

类别	无公害农产品	绿色食品	有机食品	农产品地理标志
认证机构	农业农村部农产品质量安全中心	中国绿色食品发展中心	农业农村部中绿华夏有机食品认证中心	国家市场监督管理总局

四、案例与知识链接

1. 农业生产的"时空"布局

(1)种植业生产的时间组合　种植业生产的时间组合,也可称轮作种植。它是指在同一空间地段上,不同时间的轮流种植,以充分利用土地的生产时间,增加光能利用率,提高土地的生产效能。例如,麦子收割之后,种两季蔬菜,蔬菜收获后再种麦子等。

一般应注意以下几点:第一,确定好复种、套种面积。复种是指在同一块土地上一年内种植两茬以上的作物的方式。套种是指在前茬作物快收获时,利用作物的行间套种后茬作物的方式。实行复种和套种,可以提高土地和日光的利用率。提高复种、套种指数,可以弥补耕地不足,缓和作物之间互相争地的矛盾。实践证明,这是一项重要的增产措施。但是,复种、套种要考虑当地的自然条件和经济条件,复种指数和套种指数要与当地自然经济条件相适应。否则,盲目增加复种、套种面积反而会降低经济效益。第二,合理安排茬口。各种作物生长的季节参差不齐,必须合理安排茬口,前后茬在安排上要相互衔接,这样才能充分利用耕地和劳动力,实现增产增收。第三,用地与养地相结合。在同一块地上,农作物连作时间较长往往会降低土壤肥力或导致杂草丛生、病虫害频繁等问题。如果实行轮作倒茬,就可以减少此类情况的发生。

(2)种植业生产的空间布局　家庭农场也要进行科学合理的生产空间布局,就是在家庭农场生产经营区域内如何将不同生产项目进行科学合理的分布,采取何种配置、组合方式,目的是实现最佳的经济效益,同时也要兼顾生态效益和综合社会效益。

种植业的空间布局应遵循以下基本原则:第一,因地制宜,因作物制宜。应将主要作物布局在最适宜的耕地上种植,然后再考虑安排其他的作物种植。假如家庭农场有农产品加工和休闲旅游项目,应该按照最佳线路来分配。第二,尽可能集中连片种植,便于管理、便于采用新的农业生产技术,而且能够产生规模效益,有利于提高劳动效率和降低生产费用。第三,对于费工、运输量大、技术要求高和价值高的作物尽可能安排在近处。这便于精耕细作和技术管理,还可以减少田间运输量,节约工时和避免其他不必要的损失。

2. 农业清洁生产

家庭农场的生产经营不仅要关注眼前利益，更应注重可持续发展。农业清洁生产是农业发展一种新模式，应贯穿于农业生产全过程。

（1）生产过程清洁

①适量、科学、合理使用化肥　第一，做到科学施肥，推广配方施肥。例如，通过测土施肥、计算机推荐施肥等计量施肥方法，根据农作物的目标产量和土壤养分的测试值，确定施肥量、施肥种类、施肥时期等，这样有利于土壤养分的平衡供应，以避免盲目施肥，减少浪费，减少对环境的污染。对易挥发的化肥应深施覆土，并及时灌溉，以利于土壤吸附和作物吸收，减少化肥的流失。根据肥料的种类及理化性质，合理混用化肥，如有机肥与无机化肥的合理混用，不仅在肥效上可以互补，提高肥料利用率，而且可以改善土壤结构，防止土壤板结。第二，施用微生物肥料，以减少化肥的用量。我国目前已开发出根瘤菌肥、磷细菌肥、钾细菌肥、固氮菌肥和复合菌肥等，这些肥料具有无污染、提高农作物品质、改良土壤、增加土壤肥力等优点。

②使用清洁、无公害的农药品种和施用技术　第一，要采用科学、合理、安全的农药施用技术。根据农药安全使用标准，规定农作物的安全收割期，减少常用农药在食品中的允许残留量。为了提高农药的防治效果，可将两种或多种农药合理混合施用或交替施用，以避免或延缓害虫产生抗药性。第二，使用无公害农药，开展生物防治。微生物农药是利用微生物本身或其代谢产物，制成防治病虫害的药剂，其优点是选择性强，对人畜及农作物安全无毒，能专一地杀死靶标生物，对非靶标生物无害，不会使害虫产生抗性，无残留，不污染环境，因而是非常理想的清洁无公害农药。

③使用可降解的农用地膜、秸秆还田　可降解的农用地膜是指在覆盖时有足够的强度，并对土壤起到增温作用，而作物长成或收获后能被光或土壤微生物降解成对土壤无害物质的一种薄膜。这种可降解的地膜不仅对农业生产起到重要的作用，而且能消除"白色污染"。目前，由于经济和技术的原因，这种地膜还不能大面积使用。

应禁止秸秆焚烧，做到秸秆还田。秸秆还田的方法有两种：一种是用机械将秸秆打碎，耕作时深翻掩埋，利用土壤中的微生物将秸秆腐化分解。另一种秸秆还田的有效方法是将秸秆粉碎后，掺进适量石灰和人畜粪便，让其发酵，在半氧化半还原的环境里变质腐烂，再取出使用以肥田。此外，秸秆还可以用来制造优质饲料、培育食用菌、制取沼气。

④全过程控制，防止畜禽养殖废物污染　第一，畜禽养殖业应由粗放型向集约型转变，进行产业化养殖。生产过程中合理利用饲料添加剂，实行阶段饲养，提高管理水平，完善畜禽粪便处置设施，落实畜禽废渣综合利用措施。第二，做好畜禽粪便资源化利用。将产生的畜禽废渣还田或制成有机肥料，充分利用畜禽粪便中的植物养分和其他微量元素，实现畜禽粪便无害化和资源化利用。第三，做好养种结合循环利用，进行生态养殖。建立起以种植业为基础、养殖业为中心、沼气工程为纽带的生态养殖业模式。通过规模化畜禽养殖场沼气工程、粪污治理和资源化利用建设，减少有机废弃物污染源，以生态系统的良性循环来实现畜禽养殖业的清洁生产。

⑤加强对灌溉的管理　第一,改变传统的灌溉方式。传统的灌溉方法是将地面水通过地里的垄沟引到地里。这种灌溉方法使许多灌溉水渗到地下形成地下水,并且抬高了地下水位。当地下水蒸发时,由灌溉水带来和从土壤矿物中溶解出来的盐分就积聚在土壤表层,使土壤表层含有过多的盐分,以至植物不能生长。应大力推广节水农业技术,不断提高水资源利用率,缓解水资源供给矛盾。第二,禁止使用污水灌溉。长期用未经处理的或未达到农田灌溉水质标准的工业、生活污水灌溉农田,会使灌溉区出现土壤板结,重金属等污染物在土壤中富集,并造成地下水污染和某种程度上的农作物污染。例如,在一些污灌区以及其他污染源引起的土壤污染地区,已出产了大量含重金属或有毒有机物的稻米。

(2)农产品收获加工环节的清洁生产

第一,树立标准化加工的意识。家庭农场生产人员一定要认识农产品清洁生产的意义,主动参加政府和相关农业组织组织的培训,熟悉和掌握标准化加工的流程。第二,设备的标准化和清洁化。田地设备的清洁:如收割机、刀具、容器、篮子、包装物料、刷子和桶等,都能传播病原微生物给农产品,所以操作者应考虑适当使用收割和包装设备,并尽可能地保持清洁,防止农产品被污染。包装和贮存设施的清洁:用于摆列、分级和包装鲜农产品的设备必须用易于清洗的材料和工艺制成。在贮存中应防止未使用的、干净的、新的包装容器的污染。没有立即使用的包装容器和包装物应存放好。如果包装容器存放于室外,在使用前应清洗和消毒。第三,加工技术和管理的标准化。家庭农场经营者应根据生产实际,制定符合农场实际情况的生产加工的操作规程,做到有章可循。相关技术标准可以查询各地地方农业标准名录。各道加工工序间的交接,必须实行自检自查,并将结果记录于生产档案,以备质量安全追溯检查。

3.农产品质量安全追溯体系的运作方式

农产品质量安全追溯体系一般由"一平台五系统"组成,即构建一个农产品质量安全追溯平台网站和农产品质量安全追溯监管、农产品质量安全检测、农产品生产管理信息、农业投入品备案与实名销售、农产品质量安全信息服务等五大系统模块,形成集生产、检测、监管、追溯于一体、管理与服务于一体的农产品质量安全追溯管理系统。实行内外网分别管理,外网面向公众,内网由政府和有关管理部门使用。五大系统模块包括:

(1)农产品质量追溯监管系统　系统对平台功能模块、操作用户信息等管理参数进行审核设置;对本区域范围的农业生产主体、产品生产、农产品执法巡查和质量检测等情况进行全方位监控管理;对农产品生产、安全检测等数据进行汇总分析;通过农产品追溯二维码查询相关信息,以快速明确农产品质量安全事件(事故)发生的环节,锁定质量问题源头,追踪产品流向,对问题批次进行正向跟踪和逆向追溯。该系统操作用户为农产品质量安全监管部门。

(2)农产品质量检测管理系统　各检测机构(检测点)在系统中如实录入检测数据,包括检测时间、样品信息(来源、品种、数量、地点)、检测单位、检测项目、检测结果等详细信息。该系统可实现对各检测点数据的采集、储存,随时供各监管部门浏览、查询、统计、决策、打印、发布;供管理部门进行统计分析并及时对问题农产品做出处理,对生产源头实施及时指导,促进农产品生产全程监测规范化,确保农产品质量安全。该系统供各级农产品检测部门、有检测资质的机构和农产品生产主体监测点使用。

(3)农产品生产管理系统　农产品生产主体通过登录系统,根据追溯要求对生产过程信息进行录入上传,实现追溯试点企业自律和产品质量安全追溯管理。上传内容包括生产基地基本信息、投入品记录、生产过程记录、检测记录等。该系统操作用户为农产品生产企业。

(4)农业投入品备案与实名销售系统　包括农业投入品备案准入、农资实名购买监管、电子台账监管、农资监管执法等系统,系统运行在农产品质量安全追溯平台网站上,对公众开放,肩负对外宣传、公示等功能。

(5)农产品质量安全信息服务系统　为农产品消费终端用户在产品分拆前提供追溯查询服务,为公众提供关于农产品质量安全问题的留言、投诉服务。该系统使用对象为普通消费者。

4. 家庭农场怎样申请加入农产品质量安全可追溯系统

(1)申请流程　一是申请报名。按照“企业申请自愿”的原则,家庭农场经营者向当地农业主管部门申请加入农产品质量安全可追溯系统并提交相关资料。二是主管部门审核。根据各农业企业的申请报名,按照加入追溯系统的条件要求进行初审,并将初审通过的企业名单和有关情况上报上级部门进行复审。三是对申请通过的农业经营企业进行公示,并进行技术指导和培训服务。

(2)申请条件　一般申报加入农产品质量安全可追溯系统必须具备以下几个条件:一是企业必须是具有一定生产规模的农业生产企业;二是具有“三品一标”生产基地;三是企业必须建立和完善追溯制度;四是追溯管理人员具有一定的计算机基础;五是签订营业追溯系统承诺书,并接受追溯系统应用管理办法;六是拥有相关硬件等,包括检测仪器、专用电脑、二维码打印机等,采购、安装视频监控等设备及二维码和追溯系统。

5. 加强生产过程管理,生产高效益绿色生态农产品

对于传统农民来说,坐在家里种田纯属天方夜谭,但在湖南省首家家庭农场——石门县丰瑞乐家庭农场的农场主黄云华这里却是活生生的现实,她可以用手机通过远程监控指导农场工人进行生产作业,该家庭农场生产的绿色生态农产品深受消费者青睐。黄云华总结了其生产过程管理的经验:

第一,提前规划、选好品种。农场现有水田 883 亩、山地 270 余亩、养殖水面 33 亩,种植紫、红、黑彩色有机稻、超级稻,种植紫、红、黄色马铃薯、紫色红薯,种植水果玉米、优质油茶、黄秋葵等保健系列蔬菜,立体种养殖“蔬菜＋青蛙＋鱼”“水稻＋青蛙＋泥鳅”等。产品多、规模大,因此必须提前做好规划,了解每种农产品什么时候下种(养殖)最合适,下什么种产量最高,怎么施肥最节约成本,收获时怎么分级才能卖个好价钱。

第二,生产过程绿色环保。农场始终坚持在水稻生产中使用有机质含量高的专用

复合肥，每年水稻和马铃薯收获后的秸秆全部还田，实现“以田养田”，改善土壤结构和农业生态环境，病虫害防治主要是提前撒施生石灰和适当使用生物农药。立体化种植区中，蛙池、稻田都安装灯光灭虫装置，青蛙、鱼、鸡以害虫为食，农作物不需要打药，只用少量的尿素和钾肥，无残留，无污染，适应了目前市场对绿色农产品的需求。

第三，记好生产记录，探索“互联网＋农业”的模式。及时完成生产记录，可以有效避免遗忘某些环节，使生产操作更规范，并能从中总结经验和教训，提高管理水平，改进生产技术。利用远程视频监控设备，实时监控农产品生产、管理、收获、加工、运输、销售等流程，消费者可亲眼见证农产品“从田间到餐桌”的全过程。在这种“可视化”模式下生产的农产品，更容易得到消费者的认可。

第四，打造品牌。注册了“紫妹”“丰瑞乐”两大品牌商标，加工开发“富硒稻蛙米”“紫薯粉丝”“生态食用油”“紫妹土豆”“丰瑞乐青蛙”等六大系列21个产品，尽管价格远高出普通农产品，但仍然供不应求。

家庭农场生产过程组织与管理直接关系到生产经营的效益，家庭农场主必须投入一定的精力做好管理工作，主要有编制科学合理的生产计划，及时安排好投入品的采购并按照相关标准使用投入品，对劳动力生产操作的监管，能够按照生产档案的项目定时记录基本内容，确保各生产环节在时间和空间上的合理衔接和组合，以符合清洁生产、农产品质量安全可追溯系统、农产品质量认证的基本要求。农场主要能够有条不紊地对生产全过程进行管理。

丰瑞乐家庭农场根据自身的生产特点，抓住了生产经营管理中最重要的几个关键点，从选好品种入手，只有好品种才能生产出优质农产品，市场才有需求，然后抓住了好的生产环境和生产模式，坚持走绿色生态发展之路，并对生产过程进行全程监控，并通过“互联网”让消费者了解生产全过程，品牌效应逐步形成。通过强化农业生产过程管理、打造自身品牌，使农产品受到市场欢迎，才能获得丰厚的利润。

6.食用菌家庭农场按农业标准化要求组织生产管理

农业标准化就是对农业生产活动制定标准，并按照标准来实施。具体来说，是指为了各方面的利益，对农业经济、技术、科学、管理活动中需要统一、协调的各类对象，制定并实施标准，使之实现必要而合理的统一的活动。

实施农业标准化是将农业的科技成果和多年的生产实践相结合，制定成“文字简明、通俗易懂、逻辑严谨、便于操作”的技术标准和管理标准向农民推广，最终生产出质优、量多的农产品供应市场，不仅能使农民增收，同时还能很好地保护生态环境。其内涵就是指农业生产经营活动要以市场为导向，建立健全规范化的工艺流程和衡量标准。

杨建会，河北省平泉市青年农场主，2013年创办了杨建会食用菌家庭农场，2014年生产规模达40万袋，盈利100多万元。其成功的秘诀如下：一是选准品种，对试验示范的新品种，大胆应用，并采取合适的香菇地栽模式和立袋栽培模式；二是严格操作规程，从原材料选购、拌料、灭菌、发菌、出菇严格执行操作规范；三是根据市场对香菇的需求安排生产时间，大量出菇时赶上高市场价；四是强化管理，降低成本；五是安全生产，体现在人员上、在生产操作中、在产品生产上，保证农产品安全。

7. 上海采取有力措施，提高家庭农场清洁生产积极性

在农村，有两件事最令基层干部头疼，一件是每年的秸秆焚烧，另一件是高毒农药的使用，管了多少年，始终禁而不止，自从发展家庭农场以来，这个问题有望彻底解决。

上海家庭农场考核办法中对安全用种、用药、秸秆还田、场容整洁做了详细规定，一旦违反就被扣分，而分数低于60分将不能领取补贴，甚至可能失去经营资格。

有了这些规定，田埂整洁无杂草，农药包装不乱扔，农资、农机码放整齐，整个乡村发生了改变。同时由农资超市对家庭农场化肥、农药的直供服务，有效杜绝了不合格农药的使用，农业投入品安全有保障，农业生产过程质量受控制。为养护基本农田，上海还采取了一系列措施，如水稻与绿肥轮种，每亩奖励300元。据松江区农业部门调查，粗放耕作、产能低下、随意转包、抛荒、浪费土地等现象消失了，取而代之的是生态轮作、秸秆还田等生态循环措施，种养结合的家庭农场自2008年以来化肥使用量（折纯氮）减少了30%，对增加土壤肥力、养护农田作用显著。

8. 昆山市玉叶蔬食产业基地开展全程质量监控追溯制度

昆山市玉叶蔬食产业基地以质量为核心、以生态为基础、以高效为目标，强化农产品质量安全检测和全程监控。为将各项工作落到实处，基地建立了卫生标准操作程序、农药使用程序、仓库管理规程、种子管理制度等制度38项；规范了农事生产记录、检测记录、物资出入记录等记录39项；制定了不合格品管理规定、管理评审规定、产品标识和可追溯性控制规定16项，建立了危害分析和关键控制点控制措施22项，让生产和监控零距离。基地积极组织推行质量追溯信息化查询制。一是使用条形追溯码便于消费者查询；二是搭建农产品质量追溯信息平台，把包装标识、生产档案、索证索票等有机衔接起来，采用信息化手段开展"菜篮子"产品质量可追溯项目，实现农产品全链条的可查询；三是经常组织市民到基地参观，让消费者直接见证产品的安全。公司还依托基地农产品资源优势，投资建立配送中心和电商直销平台。市民注册为会员后，在网上下订单，配送中心通过冷链物流将蔬菜、瓜果、生鲜食品等农副产品直接配送到社区，市民通过网络平台订货、社区取货，实现农副产品直接"从田头到灶头"。

任务三　家庭农场的产品营销

一、家庭农场的农产品市场分析

（一）农产品市场概述

1. 市场的含义

市场的定义有狭义和广义之分。狭义的市场指商品交换的场所；广义的市场，是指各种

交换关系的总和。

2.市场营销的含义

美国著名营销学家菲利普·科特勒认为，市场营销是个人和群体通过创造并同他人交换产品和价值，以满足需求和欲望的一种社会过程和管理过程。

3.农产品市场的含义

农产品市场可以从狭义和广义两个角度进行定义。狭义的农产品市场是指进行农产品所有权交换的具体场所；广义的农产品市场是指农产品流通领域交换关系的总和。

4.农产品营销的含义

关于农产品营销，可以这样定义，农产品营销是指将农产品销售给第一个经营者的营销过程及第一个经营者到最终消费者的运销经营过程。

5.农产品的特征

家庭农场营销管理的特征取决于农产品的特征。

(1)商品特征　农产品的商品特征主要体现在易腐性和易变性。农产品很容易腐烂变质，不易贮存，这大大缩短了农产品的货架期。

(2)供给特征　农产品供给具有较大的波动性，其原因如下：①农产品生产受自然条件影响大，生产的季节性、年度差异性和地区性十分明显。丰年农产品增产，供给量增加会导致市场价格下降；反之，歉收年会出现供给量不足，引起市场价格上升。②农产品生产周期较长，不能随时根据需求的变化来调整供给量，事后调整又容易导致激烈的价格波动。

(3)消费特征　农产品大多数直接满足人类的基本生活需要，其消费需求具有普遍性、大量性和连续性等特点，需求弹性一般较小。

6.农产品营销的特征

(1)营销产品的生物性、自然性　农产品的含水量高，保鲜期短，易腐败变质。农产品一旦失去鲜活性，价值就会大打折扣。

(2)农产品供给季节性强　绝大多数农产品的供给有明显的季节性，但需求却往往是常年的，因此，农产品市场供求的季节性矛盾比较突出，收获季节往往滥市，非收获季节却十分畅销。因此，要求企业做好生产技术和贮藏技术的创新，调节季节供求矛盾。

(3)消费者数量众多、市场需求比较稳定　第一，每个人都要消费农产品，特别是像我们这样的人口大国，每天消费的农产品数量是相当惊人的。因此，从总体上讲，农产品具有非常广阔的市场。第二，相当一部分农产品是满足人们的基本生活需要的，因此，这部分市场需求比较稳定，经营这类农产品市场风险相对较少，收益也相对稳定。第三，农产品大多属于非耐用商品，贮存比较困难，消费者对农产品的新鲜度要求较高，因而农产品的购买频率比较高。

(4)政府宏观政策调控的特殊性　农业是国民经济的基础，农产品关系到人民生存、社会稳定和国家安全。农产品生产具有分散性，竞争力比较弱，政府需要采取特殊政策来扶持农产品的生产和经营。

(二)家庭农场的市场竞争特点

随着社会经济的发展，家庭农场逐渐向适度规模经营转变，出现了众多的农业龙头企业，消费者对农产品的需求也在不断变化，农产品市场出现了不完全竞争的结构特征。

1.家庭农场适度规模经营逐渐开展

由于现代科学技术的广泛应用，家庭农场需要投入的资金技术、管理等要素在数量和质量上都比以往更高。生产规模较小、无规模效益的企业因实力不足很难满足这些要求，农产品生产逐渐向农业龙头企业集中。

2.农产品的差异性越来越明显

随着人们生活水平的提高，消费者对农产品的需求呈现出多样化、个性化的特征，同质的农产品已经不能有效地满足消费者的需求，这使得家庭农场必须采用新技术、开发新产品以及利用各种营销策略来形成产品差异，从而提高产品的市场占有率。

3.市场进入门槛逐渐提高

农业生产技术的提高和生产规模的扩大使得新进入者需要投入更多资金、技术以及其他资源，增加了进入市场的难度。

4.农产品市场信息不完全

家庭农场对农产品市场信息的了解存在一定的局限性，影响了生产经营决策的科学性和准确性。

二、家庭农场的农产品营销策略

(一)市场营销组合的含义

市场营销组合指的是企业在选定的目标市场上，综合考虑环境、能力、竞争状况，对企业自身可以控制的各种营销手段的综合运用，即对产品、价格、渠道、销售促进的最佳组合，以完成企业的目标与任务。

市场营销的主要目的是满足消费者的需要，而消费者的需要很多样，要满足消费者需要所应采取的措施也很多样。因此，企业在开展市场营销活动时，就必须把握住那些基本性措施，合理组合，充分发挥整体优势。

(二)市场营销组合策略

1.家庭农场的产品策略

(1)农产品营销中的产品整体概念　家庭农场市场营销中的产品是指产品的整体概念，它包括农产品的核心产品、农产品的形式产品和农产品的附加产品3个层次。农产品的核心产品是指农产品所具备的使用价值和功能，即农产品能够提供给消费者的基本效用。消费者购买某种农产品，并不是为了占有农产品本身，而是为了获得能满足某种需要的效用或利益。如购买鸡蛋，是为了从鸡蛋中获得蛋白质。市场营销人员的根本任务在于向顾客推销农产品的实际效用。农产品的形式产品是指农产品中可见的、可感觉的要素，如外观、质量、形态、品牌、包装等。形式产品是核心产品实现的形式。农产品的附加产品是指伴随农产品销售提供给顾客的额外利益，如服务、融资、保险等。

随着人们生活水平的提高，人们不仅要吃饱，更要吃好，对农产品品质的要求越来越高，只有树立农产品的整体观,才能满足不断变化的消费者需要。但是,我国农产品销售仍处于相当落后的局面,长期以来,很多农产品只是作为初级产品销售,缺乏加工处理,往往是卖农产品就卖其本身,即只给消费者提供了核心产品,缺乏形式产品与延伸产品。从营销意义上说,这样的农产品是不完整的。

(2)农产品营销中的产品市场生命周期 农产品市场生命周期是指一种农产品(品种)由投放市场到最终被市场所淘汰的时间周期。农产品的生命周期可分为 4 个阶段。

①导入期 即某种农产品投放市场的初期。此时消费者对产品还不了解,销售量很低,销售增长率一般不超过 10%。为了扩大销售,家庭农场需要投入大量的促销费用对该农产品进行宣传推广。

②成长期 是某种农产品已为消费者所接受、销量迅速增长的时期。此时,消费者已经对该产品了解并接受,购买量增加,市场逐步扩大。生产成本相对下降,利润额迅速增加,但竞争也随之出现并逐渐激烈。

③成熟期 是某种农产品销量达到高水平的时期。此时,该农产品在市场上已经普及,市场容量基本达到饱和点,潜在的消费者已经很少。在这一阶段,竞争达到白热化,价格战激烈,促销费用增加,利润下降。

④衰退期 是某种农产品销量迅速衰减的时期。此时,新产品或替代品出现,消费者转向购买其他产品,从而使原有产品的销量迅速下降。

由于农产品市场生命周期不同阶段有不同特征,因此应采取不同营销策略。

①导入期市场营销策略 这一时期的特点是成本高、费用大、售价高、销量小,可供采取的策略有:快速掠取策略,即高价格高促销策略;缓慢掠取策略,即高价格低促销策略;快速渗透策略,即低价格高促销策略;缓慢渗透策略,即低价格低促销策略。

②成长期市场营销策略 这一时期的重点是促进销量迅速增加,其主要策略包括树立品牌优势、增加消费者的信任度,拓展产品销售市场,重新评价并完善销售渠道,改良农产品品质和增加品种,改变广告宣传的重点,在适当的时机采取降价策略等。

③成熟期市场营销策略 这一时期的重点是尽量延长成熟期,营销策略包括寻求新的细分市场,寻找能够刺激消费者增加农产品使用频率的方法,市场重新定位,产品改良,完善营销组合等。

④衰退期市场营销策略 重点是选择适当时机以适当方式退出。可供选择的策略有继续策略、集中策略、缩减策略、放弃策略。

(3)产品组合 产品组合是指企业生产经营的全部产品的结构,由产品线和产品项目构成。产品线又称产品大类,是产品类别中具有密切关系的一组产品。产品项目是指某一品牌或产品大类内由尺码、价格、外观及其他属性来区别的具体产品。例如,某家庭农场生产食用油、面粉等,这就是产品线。食用油中的豆油、色拉油、花生油就是产品项目。企业的产品组合有一定的宽度、长度、深度和关联度。宽度指企业的产品线总数。产品组合的宽度说明了企业的经营范围大小。增加产品组合的宽度,可以充分发挥企业的特长,使企业的资源得到充分利用,降低风险。经营效益长度指一个企业的产品项目总数。通常,每一产品线中包括多个产品项目,企业各产品线的产品项目总数就是产品长度。深度指产品线中每一产品有多少品种。产品组合的长度和深度反映了企业满足各个不同细分市场的程度。增加产品项目,增加产品的外观、规格、款式、花色,可以满足不同细分市场消费者的不同需要和爱好，吸引更多顾客。关联度指一个企业的各产品线在最终用途、生产条件、分渠道等方面的相关程度。较高的产品关联度能带来企业的规模效益和企业的示范效益。

(4)产品品牌　品牌是整体产品概念的重要组成部分，是一种名称、标记符号或设计，或是它们的组合运用，其目的是使人认同某个企业或某行业的产品或服务，并使之同竞争对手的同类产品和服务区别开来。品牌包括品牌名称、品牌标识和商标等内容。品牌名称是指品牌中可以用语言表达的部分。例如，可口可乐、麦当劳等都是品牌名称。品牌标识是指品牌中不能用语言表达的部分，如符号、图案、设计或颜色，如绿色食品的标志。商标是经过有关部门注册并受法律保护的品牌。

品牌在家庭农场发展中具有重要的作用，主要表现如下：①体现企业经营理念；②创造差异，护消费者的利益；③维护企业正当权益，保护企业利益；④推进关系营销；⑤扩大市场份额，减少价格弹性；⑥促进企业提高产品质量。

2. 家庭农场品牌管理策略

(1)品牌名称策略　在品牌名称的选择上，家庭农场可以采取以下的具体策略：

一是差别品牌策略，即企业将自己生产或提供的各种产品分别使用不同的品牌。这一品牌策略最大优势在于能满足消费者求新求异的心理需求。但是，差别品牌策略的宣传成本昂贵，并且品牌繁多使顾客不易记忆企业的形象。

二是统一品牌策略，即企业将自己生产的所有产品统一使用一种品牌。统一品牌策略优势在于企业将所有资源都集中在某一品牌上，有利于培植该品牌的知名度，并可降低宣传成本，其不利一面是个别产品出现问题，会使整个品牌的名誉受损。

三是个别分类品牌，即企业在产品组合中，对产品项目依据一定标准分类，并分别使用不同品牌。这样可以避免不同类型的产品因使用同一个品牌名称而产生混淆。

四是个别品牌与企业名称相结合，即通常是在个别品牌前冠以企业的统一品牌，这样做既可以使产品享受企业已有的声誉，又能体现产品的个性化，使产品各具特色。

五是企业名称与产品品牌合一，这是统一品牌的另外一方式。采用这种方式，不会为使企业和产品同时出名而必须花双倍的广告费，还能使企业及其产品的标志更简明扼要，易于识别。

六是多品牌策略，就是一种产品用多个不同的、无直接联系但相互竞争的商标。采用多品牌策略有利于树立企业实力雄厚的形象，有利于对竞争者的同类产品形成强有力的包围，提高市场占有率。

(2)品牌拓展策略　开发新产品时，是使用原有品牌，还是再创造出一个新品牌，这主要和家庭农场的品牌拓展策略有关。

一是延伸品牌策略。如果原有的品牌市场情况很好，推出的新产品就可采用原有品牌。采用这种策略既能节约宣传成本，又能迅速打开新产品的销售市场，但要求延伸产品的品质，必须符合在市场上已有较高声誉的品牌要求。

二是品牌创新策略。老品牌声誉日下或不佳，或新产品使用原有品牌会影啊原有产品的形象甚至争夺原有产品的市场，或新老产品的特点不适宜采用同一品牌时，新产品不宜采用原有产品的品牌。

3. 家庭农场的价格策略

(1)农产品定价依据　价格策略是企业营销组合的重要因素之一，直接决定着企业市场份额的大小和盈利率的高低。随着营销环境的日益复杂,制定价格的难度越来越大,影响农产品定价的因素很多,概括起来,大体上可以有农产品成本、农产品市场供求、竞争因素和政府价格管制4个方面。

农产品成本:对家庭农场的定价来说,成本是一个关键因素。企业产品定价以成本为最低界限;产品价格只有高于成本,家庭农场才能补偿生产上的耗费,从而获得一定赢利,价格过分低于成本,不可能长久维持。成本又可分解为固定成本和变动成本。产品的价格有时是由总成本决定的,有时又仅由变动成本决定。家庭农场定价时,不应将成本孤立地对待,而应同产量、销量、资金周转等因素综合起来考虑。

农产品市场供求:农产品价格还受市场供求的影响,即受农产品供给与需求的相互关系的影响。当农产品的市场需求大于供给时,价格应高一些;当农产品的市场需求小于供给时,价格应低一些。反过来,价格变动影响市场需求总量,从而影响销售量,进而影响企业经营目标的实现。因此,家庭农场制定价格就必须了解价格变动对市场需求的影响程度。反映这种影响程度的一个指标就是农产品的价格需求弹性系数。所谓价格需求弹性系数,是指由于价格的相对变动,而引起的需求相对变动的程度。通常需求弹性系数=需求量变动百分比÷价格变动百分比。

竞争因素:市场竞争也是影响价格制定的重要因素特别是当农产品具有同质性时,价格往往成为企业扩大市场占有率的武器。根据竞争程度不同,企业定价策略也会有所不同。比如,在完全竞争情况下,买者和卖者都大量存在,产品都是同质的,不存在质量与功能上的差异,企业自由地选择产品生产,买卖双方能充分地获得市场情报。在这种情况下,无论是买方还是卖方都不能对产品价格产生影响,只能在市场既定价格下从事生产和交易。

政府价格管制:政府对农产品价格实行管制,这实际上是政府对农民、农场、家庭农场以及消费者的一种保护措施。农产品需求弹性小,不论价格高低,消费者都需要,是关乎民生的基础。在经济繁荣阶段,对农产品的需求增加,农产品价格上升,政府进行价格管制,能防止投机炒作,哄抬农产品价格,从而保护消费者的利益。而在经济萧条阶段,对农产品的需求减少,农产品价格下降,政府实行粮食等主要农产品最低收购价,同时增加政府采购农产品的数量,向农民和农场主支付货币或价格补贴,增加他们的可支配收入。

(2)农产品定价目标　定价目标是企业在对其生产或经营的产品制定价格时,有意识要达到的目的和标准。它是指导企业进行价格决策的主要因素。定价目标取决于企业的总体目标。不同行业的企业,同行业的不同企业,以及同一企业在不同的时期,不同的市场条件下,都可能有不同的定价目标。

一是以获取投资收益为定价目标。投资收益定价目标是指企业实现在一定时期内能够收回投资并能获取预期的投资报酬的一种定价目标。采用这种定价目标的企业,一般注意两个问题:①要确定适度的投资收益率,投资收益率不可过高,否则消费者难以接受;②企业的产品与竞争对手相比具有明显的优势。

二是以获取合理利润为定价目标。合理利润定价目标是指企业以适中、稳定的价格获得长期利润的一种定价目标。如果家庭农场拥有比较充分的后备资源,并打算长期经营,采用这种定价目标可以避免不必要的价格竞争,可以减少风险,保护自己。

三是以获取最大利润为定价目标。最大利润定价目标是指企业追求在一定时期内获得最高利利润额的一种定价目标。利润额最大化既取决于价格,又取决于销售量,因而追求最大利润的定价目标并不意味着企业要制定最高单价。最大利润有长期和短期之分，有远见的企业经营者，都着眼于追求长期利润的最大化。家庭农场如果采取多品种经营的策略，可以使用组合定价策略，即有些产品的价格定得比较低，有时甚至低于成本以招徕顾客，借以带动其他产品的销售，从而使企业利润最大化。

四是以提高市场占有率为目标，即把保持和提高企业的市场占有率（或市场份额）作为一定时期的定价目标。市场占有率是一个企业经营状况和企业产品在市场上竞争能力的直接反映，关系到企业的兴衰存亡。较高的市场占有率，可以保证企业产品的销路，巩固企业的市场地位，从而使企业的利润稳步增长。无论大、中、小企业，都希望尽量提高企业的市场占有率。以提高市场占有率为目标定价，企业产品的定价通常可以由低到高或由高到低。

五是以应对和防止竞争为目标。在市场竞争日趋激烈的形势下，企业对竞争者的行为要十分关注，尤其要关注竞争者产品价格的变动。企业在实际定价前，应该广泛收集资料，仔细研究竞争对手产品价格情况。根据企业的不同条件，一般有以下决策目标可供选择。①稳定价格目标。在市场竞争和供求关系比较正常的情况下，为了避免不必要的价格竞争，保持生产的稳定，以求稳固地占领市场，家庭农场经营者可以以保持价格稳定为目标。②追随定价目标。追随定价目标是指企业价格的制定，主要以对市场价格有影响的竞争者的价格为依据，根据具体产品的情况稍高或稍低于竞争者。竞争者的价格不变，实行此目标的企业也维持原价，竞争者的价格或涨或落，此类企业也相应地参照调整价格。一般情况下，中小家庭农场的产品价格应该略低于行业中占主导地位企业的产品价格。③挑战定价目标。如果企业具备强大的实力和特殊优越的条件，可以主动出击，挑战竞争对手，获取更大的市场份额。这类情况下常用的策略目标有：打击定价，即实力较强的企业主动挑战竞争对手，采用低于竞争者的价格出售产品；特色定价，即实力雄厚、产品品质优良或能为消费者提供更多服务的企业，采用高于竞争者的价格出售产品；阻截定价，即为了防止其他竞争者加入同类产品的竞争，在一定条件下，往往采用低价入市，迫使弱小企业无利可图而退出市场或阻止竞争对手进入市场。

六是维护产品形象。如果家庭农场的目标是在某一特定市场上树立领先、知名的品牌，使其产品成为高质量与高品位的象征，在这种情况下，企业可以综合运用多种营销策略和价格策略，把产品的价位定得高于一般同类产品。

（3）农产品定价方法　农产品定价方法是家庭农场为实现其定价目标所采取的具体方法，可以归纳为成本导向定价法、需求导向定价法和竞争导向定价法 3 类。

一是成本导向定价法。成本导向定价法是以农产品的成本为主要依据制定价格的方法，这是应用相当广泛的一种定价方法。成本加成定价法，即按产品单位成本加上一定比例的毛利定出销售价。

其计算公式为：

$$P=c\times(1+r)$$

式中：P—商品的单价；c—商品的单位总成本；r—商品的加成率。

二是目标利润定价法。目标利润定价法是根据企业总成本和预期销售量，确定一个目标利润率，并以此作为定价的标准。其计算公式为：

$$P=V+(F+G)/Q$$

式中：P—产品价格；V—单位变动成本；F—固定成本；G—要实现的目标利润；Q—预期销售量。

三是需求导向定价法。需求导向定价法是根据市场需求状况和消费者对产品的感觉差异来确定价格的定价方法。其包括：①认知导向定价法，是指根据消费者对企业提供的产品价值的主观评判来制定价格的一种定价方法。②需求差别定价法，是指根据销售的对象、时间、地点的不同而产生的需求差异对相同的产品采用不同价格的定价方法。常见的有基于顾客差异的差别定价、基于不同地理位置的差别定价、基于不同时间的差别定价。需求差别定价法对同一商品在同一市场上制订两个或两个以上的价格，其好处是可以使企业定价最大限度符合市场需求，促进商品销售，有利于企业获取最佳的经济效益。

四是竞争导向定价法：竞争导向定价法是企业针对市场竞争状况，依据自身的竞争实力，以市场上竞争者的类似产品的价格作为本企业产品定价的参照系的一种定价方法。竞争导向定价主要包括随行就市定价法、产品差别定价法。①随行就市定价法，即家庭农场按照市场平均价格水平来制定自己产品的价格，利用这样的价格来获得平均收益。这样做可以避免价格竞争带来的损失，大多数企业都采用随行就市定价法。此外，采用随行就市定价法，企业就不必去全面了解消费者对不同价差的反应，也不会引起价格波动。②产品差别定价法。产品差别定价法是指企业通过营销努力，使同种同质的产品在消费者心目中树立起不同的产品形象，进而根据自身特点，选取低于或高于竞争者的价格作为本企业产品价格。

(4)家庭农场产品定价策略　近年来迅速变化的市场营销环境，不断增强了价格决策的重要性，这就要求家庭农场经营者要充分运用产品定价策略，促进农产品的销售。

一是新产品的定价策略。一种新产品是否能占领市场，定价因素起着关键作用。新产品的定价策略包括 3 种。①撇脂定价策略。即指新产品上市初期，定价较高，以便在较短的时间内获得高额利润的一种定价策略。撇脂定价策略是一种短期的价格策略，随着销量增长，产品价格会逐渐降低。这种定价策略适用于具有独特技术、有专利保护的农产品。②渗透定价策略。这是一种低价策略，即在新产品投入市场时，以较低的价格吸引消费者，以便提高市场占有率。一般来说，适用于能大批量生产、技术简单的产品。③满意价格策略。即价格介于上述两种价格之间的一种定价策略。它往往既能保证企业获得一定的初期利润，又能为消费者所接受。

二是折扣定价策略。企业为了鼓励顾客及早付清贷款、大量购买、淡季购买，常常降低产品的基本价格，这种价格调整叫作价格折扣。常用的折扣策略有数量折扣、现金折扣、功能折扣季节折扣等。①现金折扣又称销售折扣，是为敦促消费者尽早付清货款而提供的一种价格优惠。其优点在于缩短收款时间、减少坏账损失。②数量折扣是企业对大量购买农产品的顾客给予的种减价优惠。一般购买量越多，折扣也越大，以鼓励顾客增加购买量，或集中向企业购买，或提前购买。尽管数量折扣使产品价格下降，单位产品利润减少，但销量的增加、销售速度的加快，使企业的资金周转次数增加了、流通费用下降了、产品成本降低了，导致企业总盈利水平上升，对企业来说利大于弊。数量折扣又可分为累计数量折扣和一次性数量折扣两种类型。③功能折扣策略是指家庭农场对提供给批发商、零售商的产品按零售价格给予一定折扣的策略。④季节折扣也称季节差价，是指家庭农场为鼓励买方在淡季购买而给予的折扣，目的在于鼓励淡季购买、减轻仓储压力，利于均衡生产。

三是心理价格策略。心理定价策略是根据消费者购买商品时的心理变化所采取的定价策略。尾数定价，在制定农产品价格时，保留尾数而不取整数的定价方法，使消费者购买时在心理上产生较为便宜的感觉，如超市中的水果罐头每瓶 9.9 元等；声望定价，如果某个企业或某种农产品，在长期的经营过程中，保持过硬的质量和完善的服务，从而在消费者心目中形成了较高的声望，消费者在购买此类农产品时就会有更大的信任感和享受感，即使多花些钱也会觉得物有所值，因此，对于那些长期以来声望高的名牌企业、名牌农产品来说价格可以定得比一般水平高一些；习惯定价，大米等常购农产品一般价格比较稳定，形成了习惯性价格。

四是地区差价策略。由于农产品生产与区域气候、地理环境等有较为密切的关系，企业定价时可以根据买主所在地区与路途的远近，把农产品运费、保险费、保鲜费用考虑进去。

4. 家庭农场的营销渠道策略

农产品营销渠道是指农产品从生产领域向消费者转移的过程中，由具有交易职能的商业中间人连接的通道。在多数情况下，这种转移活动需要经过包括各种批发商、零售商、商业服务机构（交易所、经纪人）在内的中间环节。

（1）家庭农场营销渠道的类型　没有中间商的销售渠道都称直接渠道。经过一个或两个中间商环节的称为间接渠道。农产品销售渠道一般有以下几种。

生产者→消费者：生产者直接将商品出售给消费者，不经过任何中间环节，没有中间商介入的简单结构。例如，养殖场把自产的产品（鸡、鸭、蛋等）运到农贸市场自行销售。这种营销渠道是环节最少、费用最小、最直接、最简单的营销渠道。

生产者→零售商→消费者：生产者将农产品先出售给零售商，再由零售商出售给消费者。这种销售渠道环节较少适用于鲜活农牧渔产品（如水果、活鱼等）销售。

生产者→批发商→零售商→消费者：生产者将产品先出售给批发商，再转卖给零售商，最后出售给消费者。这种销售渠道适合贮存期较长的加工品（如罐头类食品、大米等）。

生产者→代理商→批发商→零售商→消费者：这种销售渠道通过代理商卖给批发商，再转卖给零售商，最后出售给消费者。由于代理商了解市场行情，销售经验丰富，因而推销成功率高。

生产者→加工商→批发商→零售商→消费者：这种渠道主要适用于那些需要加工后才能销售的农畜产品。例如生猪、肉牛等需要先运到肉联厂屠宰、加工，然后才能进一步销售。

（2）家庭农场营销渠道的选择　家庭农场在选择营销渠道时，会受到各种因素的影响，因此，必须认真研究并根据具体情况来确定营销渠道。一般应考虑如下因素：

①产品因素　产品因素是进行渠道决策时首先要考虑的问题，根据产品性质和特点选择销售渠道。鲜活、易腐、易损的农产品应选直接省内销售或选尽量短而宽的渠道，而耐贮、耐运的农产品则可选长而宽的梁道；单价高的产品选择短一些的渠道，最好直接销售，而单价低的农产品则宜选择长而宽的间接渠道。

②市场因素　一般来说，对于市场需求量大、购买频率高的农产品，可选宽的销售渠道，多设网点，使消费者随时随地可以购买；相反，对购买频率低、购买集中的商品，可少利用一些中间商或采用较短的渠道来进行销售；有些产品（如调料、食盐、蔬菜），消费者喜欢就近购买，渠道应宽一些、长一些，最好能深入居民区附近。

③企业自身因素　企业离市场近，就可不用中间商；企业规模大，资源雄厚，经营能力强，则可在本地或外地自设分销机构，直接控制渠道；规模很小，无力分设销售点，则应依赖

中间商经销。企业将自己的产品打入一个新市场，对市场情况不熟悉，就只能委托当地的中间商为其销售；若企业对市场情况比较熟悉，就可以自行组织销售。

④竞争因素　农产品进行分销渠道决策时应充分考虑竞争者的渠道策略，并采取相应的对策。主要有正位渠道策略，即在竞争对手分销渠道的附近设立分销点，以优取胜；错位渠道策略，即避开竞争对手的分销渠道，在市场的空白点另立。

⑤环境因素　一是国家政策。政策的变化决定着农产品销售渠道的变更。改革开放以来，市场经济使分销渠道大大拓宽，出现了多渠道流通的局面。但是目前，国家对烟叶、蚕茧、棉花等还实行专营。所以，生产这些农产品的企业只能按国家的政策规定，选择计划渠道，将这些农产品卖给国家指定的收购站，而不能进入其他渠道。二是自然环境。自然环境主要表现在地理条件对分销渠道的影响。地处交通便利的地区，由于地理位置比较有利，开展直接销售的可能性比较大；地处偏远地区或交通不便的地区，只能采取较长的分销渠道。

(3)家庭农场销售渠道的策略　在确定销售渠道类型之后，还要考虑生产者、经营者(批发商、零售商)如何有效结合，以取得更好的销售效果。

一是普遍性销售渠道策略。即企业通过批发商把产品广泛、普遍地分销到各地零售商业企业，以便及时满足各地区消费者需要。由于大多数农产品及其加工品是人们日常的生活必需品，具有同质性特点，因此绝大多数家庭农场普遍采取这种策略。采取这种策略，有利于广泛占领市场，便利消费者购买。

二是选择性销售渠道策略。就是指在一定地区或市场内，家庭农场有选择地确定几家信誉较好、推销能力较强、经营范围和自己对口的批发商销售自己的产品，而不是把所有愿意经营这种产品的中间商都纳入自己的销售渠道中来。这种策略虽然也适用于一般加工品，但更适宜于一些名牌产品的销售。这样做，有利于调动中间商的积极性，同时能使生产者集中力量与之建立较密切的业务关系。

三是专营性销售渠道策略。指在特定的市场内，家庭农场只使用一个声誉好的批发商或零售商推销自己的产品。这种策略多适用于高档的加工品或试销新产品。由于只给一个中间商经营特权，所以既能避免中间商之间的相互竞争，又能使之专心一致，推销自己的产品。缺点是只靠一家批发商销售产品销售面和销售量都可能受到限制。

5. 家庭农场的促销策略

现代市场条件下，仅有优质的产品、合理的价格和适当的渠道不一定能引起消费者的注意。要想使产品占领市场，还必须采用各种有效的促销手段来激发消费者的购买欲望和购买行为，以达到扩大销售的目的

(1)农产品促销的性质及功能　农产品促销是指以各种有效的方式向目标市场传递有关信息，以启发、推动或创造产品和劳务的需求，并引起购买欲望和购买行为的活动。家庭农场促销的本质是企业同目标市场之间的信息沟通。促销具有告知功能、说明功能、影响功能。

(2)家庭农场促销类型　家庭农场促销的类型一般包括广告促销、人员推销、关系营销和营业推广四种。

①广告促销　广告促销是指通过各种宣传媒介，如电视广播、杂志、报纸、网络等将产品或服务信息传递给接受者，达到促进销售目的的一种促销手段。随着市场竞争的加剧，广告已经成为促销的主要手段，家庭农场应结合自身产品的特性，做好广告宣传。

②人员推销　人员推销是指通过推销员与消费者的直接对话和沟通，传达产品或服务的信息，促使消费者进行购买。人员推销方式推销成本低、针对性强、灵活多变，有助于生产者和消费者的双向交流。搞好人员推销，关键是选择培训销售人员、提高销售人员素质。

③关系营销　关系营销，是把营销活动看成一个企业与消费者、供应商、分销商、竞争者及其他公众发生互动作用的过程，其核心是建立和发展与这些公众的良好关系。搞好公共关系，可以为企业树立良好形象，博得社会公众的信任和支持，有利于企业扩大销售。家庭农场可以通过在一定宣传媒介上刊登介绍性的文章或召开新闻发布会等形式，对企业的产品或服务进行有利宣传，从而扩大知名度，达到促销的目的。

④营业推广　营业推广是指通过短期的刺激性手段，说服和鼓励消费者，激发他们的购买欲望。通过营业推广，企业向顾客提供特殊的优惠条件，能够引起他们的兴趣和注意，影响他们的购买决策，在短期内达成交易。营业推广的形式有：通过农产品交易会、展销会、订货会、拍卖会等形式向组织用户展示产品，洽谈业务、达成交易；向顾客发放优待券，赠送样品、奖券，提供试用、试饮等；对推销员的营业推广方式有发放资金、提供免费旅游、提供培训学习机会等。

三、家庭农场的农产品销售渠道

农产品营销渠道是指农产品从生产者流向消费者的途径，以及在产品移动过程中各成员间所承担的营销职能及为承担这些职能而建立起的各种联系。由于农产品的特殊性，不同的农产品适宜不同的销售渠道，例如粮食等大宗农产品和蔬菜等鲜活农产品其营销渠道不尽相同。无论采取何种营销渠道，其目的是开拓市场、服务消费者、减少流通成本、提高销售收益。

（一）产地市场与批发市场

1. 农产品产地市场

农产品产地市场是相对于销地市场、超市等而言的一种市场形态，就是在农产品的原产地建立的交易市场，既可以是批发市场，又可以是零售市场。产地市场的建立主要是发挥优势农产品集中产区和生产基地作用，形成商品集散、价格形成、信息传输三大市场功能。农产品产地市场按照规模和档次分为三级产地市场，即国家级专业产地市场、区域性产地市场和农村田间市场。国家级专业产地市场由农业农村部和省（直辖市、自治区）政府共同支持建设，能够辐射带动本区域乃至全国优势农产品产业的发展；区域性产地市场由地方政府支持建设；农村田头市场是建在农产品生产基地，辐射带动市场所在村镇及周边村镇农产品流通的小型农产品产地市场，主要开展预冷、分级、包装、干制等商品化处理和交易活动。农产品产地市场的优点有以下几个方面。

(1)突出原产地优势　产地市场除了数量优势外，最重要的是品质优势，它能最直接、最有效地实现农产品质量监督。

(2)突出价格优势　产地市场农产品离田间最近，农产品集聚，市场价格形成机制健全。

(3)形成信息共享优势　实现农产品均衡上市，减少销售主体进入市场的风险，是产销衔接的重要载体。

2. 农产品批发市场

农产品批发市场又称中心集散市场，是指将来自各产地市场的农产品集中起来，在此经过加工、贮存、包装等，再通过销售商销往全国各地。农产品批发市场是我国农产品流通的主渠道。农产品批发市场的优点有以下几个方面：

(1)促进农业生产，保证市场供应　农产品批发市场一头连着农业生产，解决农产品的销路问题，促进农产品增产；另一头连着广大消费者，保障了市场供应。

(2)保证农产品质量，减少农产品流通损失　大型农产品批发市场对农产品均有准入制度，对进入市场的农产品进行检验，与路边市场、无品牌农产品相比，保证了农产品的质量。通过集中销售，也减少了农产品在流通过程中间环节的损耗。

(3)带动农民就业，沟通城乡关系　农产品批发市场是商流、物流、资金流及信息流的汇集之地，也是城乡经济文化交汇的中心，对统筹城乡发展具有不可替代的作用。

(二)农超对接

1. 农超对接的营销模式

农超对接营销模式是指农户或家庭农场等和商家签订意向性协议书，由其向超市和便民店直供农产品的新型流通方式(图 3-6)，主要是为优质农产品进入超市搭建平台。农超对接的本质是将现代流通方式引向广阔农村，将千家万户的小生产与千变万化的大市场对接起来，构建市场经济条件下的产销一体化链条，实现商家、农民、消费者共赢。

图 3-6　农超对接

2. 农超对接营销模式的优点

(1)按需生产,减少盲目性　超市最了解消费者的需求,超市按需下单,家庭农场按单生产,真正做到市场需要什么就生产什么,既可避免生产的盲目性,又可稳定农产品销售渠道和价格。

(2)减少流通环节,提高家庭农场收入　家庭农场直接将农产品销售给超市,减少了流通环节,降低了流通成本,通过直销可以降低流通成本20%～30%,在增加收入的同时也给消费者带来了实惠。

(3)保障农产品安全　可实现农产品质量从农田到餐桌的全过程控制,提高农产品质量安全水平。

(4)提高农业组织化程度,促进城乡统筹发展　连锁超市对商品具有大量采购、均衡供应、常年销售的特点,家庭农场想进超市必须具有规模化生产和常年供应的能力,有利于农业组织化发展。

(三)社区直销

1. 社区直销的营销模式

社区直销的营销模式是指在城市社区开设连锁经营的直销店,销售当天生产加工的一些鲜活的农产品,如蔬菜、水果、肉类、水产品等。

2. 社区直销营销模式的优点

(1)面对面销售　面对面销售可以让消费者更好地了解农产品的特点、功效等,家庭农场通过现场示范及消费者亲身体验,可传递给消费者更多的信息,增加了消费者对农产品的了解,提高了消费者购买农产品的欲望和信心。

(2)减少中间环节,降低营销成本　农产品直销主要由生产者自行完成整个销售过程,大大节省了营销成本。

(3)可控制产品价格　直销的农产品可根据时令、市场需求状况自行定价,并可通过与消费者的接触,不断改进农产品的生产流程及服务方式。

(四)配送作业流程

1. 农产品配送的含义

农产品配送是指在经济合理的区域范围内,根据客户的需求,对农产品进行拣选、加工、配货、包装、送货等作业,按时送达客户的活动过程。配送处于物流产业链的终端,是最重要的一个环节。

2. 农产品配送的作业流程

农产品配送中心的性质或规模不同,其运营的项目和作业流程也存在着差异,但其基本作业流程主要包括货物配备(进货、贮存、配货)和组织对用户或门店的送货。

(1)进货　即组织货源,包括以下两个方面:①订货或购货,由农产品配送主体向生产者订货,然后由生产者供货。②集货或接货,由农产品配送主体收集或接受订购的货物。

(2)贮存　即按用户提出的要求,并依据配送计划将购到或收集到的各种货物进行验收,然后分门别类地贮存在相应的设施或场所之中,以备拣货和配货。但要注意的是,在农产品配送实践中,主要从事配货和送货活动的农产品配送中心,其本身不设贮存库和存货场地,而是利用设立在其他地方的"共用仓库"来补充货物,一般配送果蔬等生鲜农产品的配送中心属于此类。

(3)分拣和配货　这两项作业是紧密关系的经济活动,有时会同时进行、同时完成,如散装物的分拣和配货。现在这两项作业很少以纯手工方式进行操作,而更多是以机械化或半机械化方式操作。

(4)送货　包括搬运、配装、运输和交货等活动,通常为短距离、小批量、高频率的运输形式,其作业的程序为:配装→运输→交货。交货是配送作业的终结,在送货流程中除要圆满完成货物的移交任务,进行货款结算外,更应注意提高配送的服务水平,尽可能满足客户需要。

四、案例与知识链接

1.农产品需求的特征

农产品是人类基本的生活资料和加工原料,人们对农产品的需求就是农产品使用价值发挥作用的结果,但随着生活水平的提高,人们对农产品需求外延逐渐扩大,由单一的生理需求向精神需求和社会价值需求延伸。

一是基本的生活需求。人类要生存就需要消费农产品,这是农产品原始的使用价值,也是最主要的使用价值,包括各种农产品的基本功能、质量、数量、外观、品种;农产品的安全性能;农产品的保健和美食功能;同类农产品使用价值的替代性等。

二是休闲观光的需求。农产品除了满足人们吃喝等基本生理需求外,还能满足人们的休闲观赏需求,农产品的自然、生态、绿色、趣味等属性能极大地满足人们的审美需求。农产品各异的形状、多样的色彩、巧妙的组合、艺术的包装形成了一道道美丽的风景。如花卉业和室内室外观赏盆景发展很快,这主要是因为生活水平提高后,人们对家居环境的要求越来越高,花卉和盆景日益成为普通百姓日常的生活消费品。

休闲观光农业属于服务业,它是适应社会对农村服务产品的需求而发展起来的,由于需求逐渐增加,其附加值高。休闲观光农业其必不可少的载体是农产品,离开了农产品就失去了休闲观光农业的内涵。

三是高端农产品的需求。所谓高端农产品的需求,是指高收入消费群体对农产品的要求高,主要包括对农产品的安全性、品质、生态有机、配送服务等方面的高要求,虽然高端农产品市场价格很高,但高收入消费群对价格不敏感。为了适应这一市场需求,家庭农场应该提升农产品档次,打造品牌,提高农产品的附加值。

2. 农产品市场信息

信息类型	内容	作用
需求信息	现实和潜在的购买人数、购买者的欲望和动机、购买者的习惯、购买方式、产品销售数量和市场占有率等	开拓市场,稳定客户群
农产品价格信息	产品售价、产品的批发和零售价格、优惠价格、产品定价标准、消费者对产品价格变动的反应、不同产品之间的比价、地区差价、季节差价	市场信息的核心,农产品经营活动的指示器。决定了农产品是否盈利,是否具有价格竞争优势以及能否取得更多的盈利等
农产品市场竞争信息	竞争对手的数量;各个竞争对手的生产能力、生产方式、技术水平、销售地区、销售量以及所运用的营销策略和手段;竞争对手的产品质量、规格、包装、定价及盈利情况	了解市场竞争的程度,竞争越激烈,盈利空间越小
整体市场环境信息	整体经济发展对农产品市场的影响、政府的农业产业政策、金融形势、消费者收入增长情况、对农产品需求的变化等	农产品营销的大环境是否有利

3. 农产品信息的获取途径

途径	内容	优缺点
网络媒体	通过各种信息网、媒体等渠道,收集农产品经营活动相关的各种文字资料、统计资料、图片资料等市场信息	优点:信息内容丰富、及时,获取信息方便、成本低 缺点:真伪难辨,对个体家庭农场针对性较弱
政府发布	通过政府的定期发布会、信息平台、文件等收集农产品经营活动相关的各种文字资料、统计资料、图片资料等市场信息	优点:比较权威、可靠性较强,信息针对性强,具有指导意义 缺点:定期发布,及时性不够,获取信息不方便
现场调查	通过现场观察、询问、交流、记录现场发生的事实,如观察顾客的购买行为,了解顾客对哪种产品、品牌、指标最关心,做下记录,为分析产品质量、性能、适用范围等生产经营活动提供原始资料	优点:获取的信息最原始、最真实,可根据自己的需要采集信息,针对性强 缺点:只能调查有限的、局部的市场,信息不全面;获取信息的成本较高

4. 人生总有起落,精神终可传承

褚橙,可算是农产品故事讲得最成功的一个。

曾经的"烟王"褚时健75岁二度创业,承包2 000亩荒山创业,85岁时他的果园年产橙子8 000吨。

2008年以前,这个品种的冰糖橙在云南的收购价只是几毛钱一斤,在杭州地区的售价约5元/千克,销量很平淡。随着王石、潘石屹等知名人士在微博上的力捧,"褚橙"的传奇故事引爆公众话题,并被誉为"励志橙"。目前,"褚橙"的市场售价为108~138

元/箱(5千克),而且不愁销路。

一枚精心包装的冰糖橙和一位洞悉商业智慧的营销天才,巧妙地描述了一个切合时代脉搏的励志故事,85岁老人在跌倒之后选择二次创业并最终取得成功。故事的背后,是农产品营销的一种创新。

整个传播过程要展示出品牌是有温度的。讲故事,可以让购买者感受到品牌的温度。

其中的励志、不服输的精神、创新精神、工匠精神等等恰恰是这个时代需要的。"褚橙"的问世与消费者内心的渴望、认可碰撞,从而占领了消费者的内心。

随后借助互联网平台,"褚橙"的传播渠道得到进一步放大。褚时健卖橙,他的成功之道在于,种出高品质的好水果,然后引入创意与实力兼具的生鲜电商平台作为产品营销的战略合作方,当好的产品遇到好的销售模式,犹如好马配好鞍,成功是水到渠成的事情。

5.西安"家庭农场主"当电商,微信卖火农产品

罗新哲是西安高陵的朴华家庭农场经营者,他经营着90亩土地,主要种植蔬菜,2014年,他尝到了微信销售农产品的甜头。2013年初,罗新哲创办了家庭农场,采用有机生产模式种植蔬菜,蔬菜品质好,可到了收获季节,产品就是不畅销、卖不上价。罗新哲接触微信后,想到了利用微信朋友圈的广泛影响力来销售自己的产品,结果一传十、十传百,销售十分火爆。现在他的大部分农产品都是通过微信销售,目前拥有固定的客户200多人,每周他都根据订单多次往返西安送货,月收入超过2万元。电子商务的新兴模式,为家庭农场经营开拓了新的销售领域。

任务四 家庭农场的财务管理

财务管理是现代家庭农场管理的重要组成部分。在市场竞争日趋激烈的今天,财务管理的重要性越来越突出,成为家庭农场生存和发展的关键环节,也是提高家庭农场经济效益的重要途径。

一、财务管理的含义

资金是家庭农场进行生产经营的基本要素,对家庭农场的生存和发展具有举足轻重的作用。家庭农场在生产经营的过程中,不断地发生资金的流入和流出,与有关各方发生资金的往来和借贷关系。围绕现金的收入和支出形成了家庭农场的财务活动和各种财务关系,财务管理就是组织家庭农场财务活动,处理家庭农场财务关系,为家庭农场的生存和发展提供资金支持的一种综合性的管理活动。具体来说,家庭农场财务活动包括筹资引起的财务活动、投资引起的财务活动、经营引起的财务活动和分配引起的财务活动。家庭农场的财务关系包括家庭农场同其所有者之间的财务关系、家庭农场同其债权人之间的财务关系、家庭农场同其被投资单位之间的财务关系、家庭农场同其债务人之间的财务关系、家庭农场与职

工的财务关系、家庭农场内部各单位的财务关系等。

二、财务管理的目标

明确财务管理的目标，是做好财务工作的前提。财务管理的目标应该服从和服务于家庭农场的总体目标。家庭农场财务管理的目标可分为整体目标、分部目标和具体目标。整体目标是指整个家庭农场财务管理所要达到的目标，整体目标决定着分部目标和具体目标，决定着整个财务管理过程的发展方向。家庭农场财务管理的整体目标在不同的经济模式和组织制度条件下有着不同的表现形式，主要有四种模式。

（一）以总产值最大化为目标

产值最大化，是符合计划经济体制的一种财务管理目标。家庭农场财务活动的目标是保证总产值最大化对资金的需要。追求总产值最大化，往往会导致只讲产值、不讲效益；只讲数量、不讲质量；只抓生产、不抓销售等严重后果，这种模式已经不符合市场经济的要求。

（二）以利润最大化为目标

利润代表了家庭农场新创造的财富，利润越多，家庭农场财富增长越快。在市场经济条件下，家庭农场往往把追求利润最大化作为目标，因此，利润最大化自然也就成为家庭农场财务管理要实现的目标。以利润最大化为目标，可以直接反映家庭农场所创造的剩余产品，可以帮助家庭农场加强经济核算、努力增收节支，以提高家庭农场的经济效益，可以体现家庭农场补充资本、扩大经营规模的能力。但是，利润最大化目标没有考虑利润实现的时间以及伴随高报酬的高风险，没有考虑所获利润与投入资本额之间的关系，可能导致家庭农场财务决策带有短期行为倾向。因此，利润最大化也不是家庭农场财务管理的最优目标。

（三）以股东财富最大化为目标

在股份制经济条件下，股东创办家庭农场的目的是增长财富。股东是家庭农场的所有者，是家庭农场资本的提供者，其投资的价值在于家庭农场能给他们带来未来报酬。股东财富最大化是指通过财务上的合理经营，为股东带来更多的财富。股东财富由其所拥有的股票数量和股票市场价格两方面来决定，在股票数量一定的前提下，当股票价格达到最高时，则股东财富也达到最大化。

股东财富最大化的目标概念比较清晰，因为股东财富最大化可以用股票市价来计量；考虑了资金的时间价值；科学地考虑了风险因素，因为风险的高低会对股票价格产生重要影响；股东财富最大化一定程度上能够克服家庭农场在追求利润上的短期行为，因为不仅目前的利润会影响股票价格，预期未来的利润对家庭农场股票价格也会产生重要影响；股东财富最大化目标比较容易量化，便于考核和奖惩。追求股东财富最大化也存在一些缺点：它只适用于上市公司，对非上市公司很难适用。股东财富最大化要求金融市场是有效的，股票价格并不能准确反映家庭农场的经营业绩。

（四）以家庭农场价值最大化为目标

家庭农场的存在和发展，除了股东投入的资源外，和家庭农场的债权人、职工等都有着密切的关系，因此，单纯强调家庭农场所有者的利益而忽视利益相关的其他集团的利益是不合适的。家庭农场价值最大化是指通过家庭农场财务上的合理经营，采用最优的财务政策，充分考虑资金的时间价值和风险报酬的关系，在保证家庭农场长期稳定发展的基础上使家庭农场总价值达到最大化。

家庭农场财务管理的分部目标可以概括为家庭农场筹资管理的目标、家庭农场投资管理的目标、家庭农场运营资金管理的目标、家庭农场利润管理的目标。

三、家庭农场的融资管理

(一)家庭农场融资的优势

兴办家庭农场，由于经营规模较大，无论是大面积的农业生产所需要的种子、化肥、农药，还是灌溉、收割、运输、仓储，抑或是所需要雇用的农业劳动力，都需要大量的资金。农业生产的周期较长且受市场价值规律的制约，有时农产品会供过于求，农产品价格过低导致农民亏本，无法再进行下一年的农产品投资，在自有资金无法满足生产经营需要的情况下，就需要融资。解决融资问题，使资金在农场主的经营活动中获得良好的周转和循环，是目前家庭农场的首要任务。融资已成为制约家庭农场生产经营发展的瓶颈。

现今，我国家庭农场正处在发展的初期，各地区家庭农场融资困境主要有两个方面：一方面，融资金额较大，需求量总体呈上升趋势，自筹资金已很难满足发展需要，随着家庭农场经营规模的扩大，家庭农场主对信贷资金的需求力度也越来越大。另一方面，融资的成本越来越高。风险管理不足、缺乏有效的抵押资产、期货市场发育不成熟、政府补贴资金不足以及政策没有得到有效的实施等导致农场主的融资成本越来越高。

但是，农场主个人作为融资主体相较于其他农业经营生产方式的融资主体有其特有的优势。首先，农场的经济效益与农场主密切相关，农场发展的好坏直接关系到农场主的利益。这种形式的融资主体积极性更强，对于融资的欲望更强。其次，家庭农场如同家族企业，具有传承性和延续性。经营良好的家庭农场传给下一代，会极大地减少他们的融资压力。最后，家庭农场有国家政策和相关机构的融资支持。

(二)家庭农场融资方式

作为家庭农场主，可以通过如下三种方式进行融资：国家财政资金、贷款和自筹。

1.国家财政资金(政府资金投入)

近年来，国家大力推广家庭农场，据原农业部发布的《中国家庭农场 2012 年现状报告》显示，2012 年，全国各类扶持家庭农场发展资金总额达到 6.35 亿元，其中，江苏省和贵州省超过 1 亿元。我国各级政府对家庭农场进行了大量的资金投入，然而，这些资金投入相对于农场主们对资金的需求还远远不够。此外，各地区资金投入差异较大，我国财政还没有为家庭农场设立专项发展资金。家庭农场建设初期，加大政府资金投入，确保财政补贴政策的有效实施能够帮助部分家庭农场摆脱融资难题。

2.贷款(金融机构贷款)

家庭农场在创业初期，由于处于投资期而往往很难营利，周转资金不足，很多农场主想到通过贷款的方式缓解经济压力，然而往往存在着"贷款难"的现象。由于银行等金融机构实施较为严格的贷款抵押担保制度，农场主们通常缺乏有效的抵押手段，作为固定资产的土地又是通过土地流转而得来的，缺乏抵押品的特征。因此，这种"贷款难"的现象需要政府、金融机构和农场主们共同协调才能得以解决。贷款难题的解决将会大幅度地改善家庭农场的融资困境。

3. 自筹（民间资本参与）

随着家庭农场的逐步推广，资金难题完全依靠政府补助已不现实，大部分资金还是需要农场主们自我筹集。如今，国内家庭农场的基础设施投入近80%是来自农场主们的自有资金和民间借贷。多数家庭农场实行"两费自理"（"两费"指的是生产费用和生活费用），这种自给自足的经营模式给农场主们的融资施加了极大的压力。农场主的部分自有资金因用于租用土地，已不能满足基础设施的投入。又因为从金融机构难以取得贷款，农场主选择向周围的人借用资金。这些资金只能暂缓应对初期投资问题，对于真正解决融资问题的作用很小。民间资本参与的自筹形式是成本低、速度快的一种筹资方式。

（三）家庭农场融资模式

1. 农场主加强与政府、金融机构的三方协作

家庭农场应积极争取政府给予的金融政策性补助，争取农村信用社对家庭农场的信贷支持。鼓励民间资本积极参与家庭农场建设，加大对农场的基础设施投入。金融机构可适当降低贷款利率，实行差异性贷款模式，对不同经营规模的农场主给予不同程度的贷款限额。有些地区以"优惠贷款""专项资金""贴息贷款"的方式支持家庭农场发展，家庭农场主要通过各种信息渠道，力争获取这些政策性的资金扶持项目，减轻农场的融资压力。

2. 尝试新的融资担保服务

可以考虑在一些地区通过国务院批准试点的方式，探索破解农村产权抵押难题，以降低市场参与主体特别是银行面临的法律风险。例如，温州出台了《关于推进农村金融体制改革的实施意见》和《关于推进农房抵押贷款的实施办法》，使农村房屋抵押贷款有章可循。随后，温州又出台了《农村产权交易管理暂行办法》，规定12类农村产权可以进入市场交易，包括农村土地承包经营权；林地使用权、林木所有权和山林股权；水域、滩涂养殖权；农村集体资产所有权；农村集体经济组织股权；农村房屋所有权；农村集体经营性建设用地使用权；农业装备所有权（包括渔业船舶所有权）；活体畜禽所有权；农产品期权；农业类知识产权；其他依法可以交易的农村产权。

3. 联保贷款

农场主之间可以互相合作，实行联保贷款；农场主之间加强交流，家庭农场经营得好的农场主可以为正遇到融资困境的农场主提供实践经验。

四、家庭农场的成本与利润管理

（一）家庭农场成本费用管理

成本是商品价值的组成部分。人们要进行生产经营活动或达到一定的目的，就必须耗

费一定的资源（人力、物力和财力），其所费资源的货币表现及其对象化称之为成本。

1. 成本与费用的概念

成本与费用是两个不同的概念。成本一般指生产经营成本，是按照不同产品或提供劳务而归集的各项费用之和。我国现行财务制度规定，产品成本是指产品制造成本，是生产单位产品或提供劳务而消耗的直接材料、直接工资、其他直接支出和制造费用的总和。费用常指生产经营费用，是家庭农场在一定时期内为进行生产经营活动而发生的各种消耗的货币表现。

成本与生产经营费用都反映家庭农场生产经营过程的耗费，生产费用的发生过程往往又是产品成本的形成过程。两者的区别在于耗费的衡量角度不同，成本是为了取得某种资源而付出的代价，是按特定对象所归集的费用，是对象化了的费用；费用是对某会计期间家庭农场所拥有或控制的资产耗费，是按会计期间归属，与一定会计期间相联系而与特定对象无关。另外，生产经营费用既包括直接费用、制造费用，还包括期间费用，产品成本只包括直接费用和制造费用。

2. 成本与费用的构成

(1)产品成本项目构成

①直接材料　是指生产商品产品和提供劳务过程中所消耗的，直接用于产品生产，构成产品实体的原料及主要材料、外购半成品及有助于产品形成的辅助材料和其他直接材料。

②直接工资　是指在生产产品和提供劳务过程中，直接参加产品生产的工人工资、奖金、补贴。

③其他直接支出　包括直接从事产品生产人员的职工福利费等。

④制造费用　是指应由产品制造成本负担的，不能直接计入各产品成本的有关费用，主要指各生产车间管理人员的工资、奖金、津贴、补贴，职工福利费，生产车间房屋建筑物、机器设备等的折旧费，租赁费（不包括融资租赁费），修理费、机物料消耗、低值易耗品摊销，取暖费（降温费），水电费，办公费，差旅费，运输费，保险费，设计制图费，试验、检验费，劳动保护费，修理费。

(2)期间费用项目　期间费用是指家庭农场本期发生的、不能直接或间接归入营业成本，而是直接计入当期损益的各项费用，包括销售费用、管理费用和财务费用等。

①销售费用　家庭农场在销售过程中所发生的费用。具体包括应由家庭农场负担的运输费、装卸费、包装费、保险费、展览费、销售佣金、委托代销手续费、广告费、租赁费和销售服务费用，专设销售机构人员工资、福利费、差旅费、办公费、折旧费、修理费、材料消耗、低值易耗品摊销及其他费用。但家庭农场内部销售部门属于行政管理部门，所发生的经费开支不包括在销售费用之内，而应列入管理费用。

②管理费用　即家庭农场管理和组织生产经营活动所发生的各项费用。管理费用包括的内容较多，具体包括公司经费，即家庭农场管理人员工资、福利费、差旅费、办公费、折旧费、修理费、物料消耗、低值易耗品摊销和其他经费；工会经费，即按职工工资总额的一定比例计提拨交给工会的经费；职工教育经费，即按职工工资总额的一定比例计提，用于职工培训学习以提高文化技术水平的费用；劳动保险费，即家庭农场支付离退休职工的退休金或按规定交纳的离退休统筹金、价格补贴、医药费或医疗保险费、退职金、病假人员工资、职工死

亡丧葬补助费及抚恤费、按规定支付离休人员的其他经费；家庭农场董事会或最高权力机构及其成员为执行职能而发生的差旅费、会议费等；咨询费，即家庭农场向有关咨询机构进行科学技术经营管理咨询所支付的费用；审计费，即家庭农场聘请注册会计师进行查账、验资、资产评估等发生的费用；诉讼费，即家庭农场因起诉或应诉而支付的各项费用；税金，即家庭农场按规定支付的房产税、车船使用税、土地使用税、印花税等；土地使用费，即家庭农场使用土地或海域而支付的费用；土地损失补偿费，即家庭农场在生产经营过程中因破坏土地而支付的土地损失补偿费；技术转让费，即家庭农场购买或使用专有技术而支付的技术转让费用；技术开发费，即家庭农场开发新产品、新技术所发生的新产品设计费、工艺规程制定费、设备调整费、原材料和半成品的试验费、技术图书资料费、未获得专项经费的中间试验费及其他有关费用；无形资产摊销，即场地使用权、工业产权及专有技术和其他无形资的摊销；递延资产摊销，即开办费和其他资产的摊销；坏账损失，即家庭农场按年末应收账款损失；业务招待费，即家庭农场为业务经营的合理需要在年销售净额一定比例之内支付的费用；其他费用，即不包括在上述项目中的其他管理费用，如绿化费、排污费等。

③财务费用　家庭农场为进行资金筹集等理财活动而发生的各项费用。财务费用主要包括利息净支出、汇兑净损失、金融机构手续费和其他因资金而发生的费用。利息净支出包括短期借款利息、长期借款利息、应付票据利息、票据贴现利息、应付债券利息、长期应付融资租赁款利息、长期应付引进国外设备款利息等，家庭农场银行存款获得的利息收入应冲减上述利息支出；汇率损失指家庭农场在兑换外币时因市场汇价与实际兑换汇率的不同而形成的损失或收益，以脱离因汇率变动期末调整外币账户余额而形成的损失或收益，当发生收益时应冲减损失；金融机构手续费包括开出汇票的银行手续费等。

3. 家庭农场成本费用管理

加强成本费用管理，降低生产经营耗费，有利于促使家庭农场改善生产经营管理，提高经济效益，是扩大生产经营的重要条件。

(1)成本费用管理原则

①正确区分各种支出的性质，严格遵守成本费用开支范围。

②正确处理生产经营消耗同生产成果的关系，实现高产、优质、低成本的最佳组合。

③正确处理生产消耗同生产技术的关系，把降低成本同开展技术革新结合起来。

(2)家庭农场降低成本费用的途径与措施

①节约材料消耗，降低直接材料费用。车间技术检查员要按图纸、工艺要求进行操作，实行首件检查，防止成批报废。车间设备员要按工艺规程规定的要求监督设备维修和使用情况，不合要求不能开工生产。供应部门材料员要按规定的品种、规格、材质实行限额发料，监督领料、补料、退料等制度的执行。生产调度人员要控制生产批量，合理下料、合理投料。车间材料费的日常控制，一般由车间材料核算员负责，要经常收集材料，分析对比，追踪原因，会同有关部门和人员提出改进措施。

②提高劳动生产率，降低直接人工费用。工资在成本中占有一定比重，增加工资又被认为是不可逆转的。工资与劳动定额、工时消耗、工时利用率、工人出勤率与技术熟练程度等因素有关，要减少单位产品中工资的比重，提高劳动生产率，保证工资与效益同步增长。

③推行定额管理，降低制造费用。制造费用项目很多，发生的情况各异。有定额的按定额控制，没有定额的按各项费用预算进行控制。各个部门、车间、班组分别由有关人员负责

控制和监督，并提出改进意见。

④加强预算控制，降低期间费用。严格控制期间费用开支范围和开支标准，不得虚列期间费用，正确使用期间费用核算方法和结转方法。

⑤实行全面成本管理，全面降低成本费用水平。成本费用管理是一项系统工程，需要对成本形成的全过程进行管理，从产品的设计投产到产品生产、销售，都要注意降低产品成本。成本费用控制得到高层领导的支持是非常重要的，而家庭农场的日常事务，是由广大员工来执行的，员工会直接或间接的影响成本费用水平。因此，要加强宣传，使成本费用理念深入每一个员工心里。

（二）家庭农场的利润管理

1.利润的概念

利润是家庭农场劳动者为社会创造的剩余产品价值的表现形式。利润是家庭农场在一定时期内，从生产经营活动中取得的总收益，按权责发生制及收入、费用配比的原则，扣除各项成本费用损失和有关税金后的净额，包括营业利润、投资净收益、补贴收入和营业外收支净额等。利润能表明家庭农场在一定会计期间的最终经营成果。

2.家庭农场总利润的构成

(1)营业利润

利润总额＝营业利润＋投资净收益＋ 补贴收入＋营业外收入－营业外支出

营业利润＝主营业务利润＋ 其他业务利润－管理费用－营业费用－财务费用

主营业务利润＝主营业务收入－主营业务成本－主营业务税金及附加

其他业务利润＝其他业务收入－其他业务支出

(2)投资净收益

投资净收益＝利润总额－所得税

(3)补贴收入　是指家庭农场按规定实际收到退还的增值税，或按销量或工作量等依据国家规定的补助定额计算并按期给予的定额补贴，以及属于国家财政扶持的领域而给予的其他形式的补贴。

(4)营业外收入　主要包括固定资产盘盈、处置固定资产净收益、处置无形资产净收益、罚款净收入等。

(5)营业外支出　主要包括处置固定资产净损失、处置无形资产净损失、债务重组损失、计提的固定资产减值准备、计提的无形资产减值准备、计提的在建工程减值准备、固定资产盘亏、非常损失、罚款支出、捐赠支出等。

3.家庭农场利润的分配

利润分配，是将家庭农场实现的净利润，按照国家财务制度规定的分配形式和分配顺序，在国家、家庭农场和投资者之间进行的分配。利润分配的过程与结果，是关系到所有者的合法权益能否得到保护，家庭农场能否长期、稳定发展的重要问题。为此，家庭农场必须加强利润分配的管理和核算。

(1)利润分配的原则

①依法分配原则　家庭农场利润分配的对象是家庭农场缴纳所得税后的净利润，这些

利润是家庭农场的权益，家庭农场有权自主分配。国家有关法律、法规如《中华人民共和国公司法》等对家庭农场利润分配的基本原则、一般次序和重大比例也做了较为明确的规定，其目的是保障家庭农场利润分配的有序进行，维护家庭农场和所有者、债权人以及职工的合法权益，促使家庭农场增加积累，增强风险防范能力。利润分配在家庭农场内部属于重大事项，家庭农场在利润分配中必须切实执行法律、法规，对本家庭农场利润分配的原则、方法、决策程序等内容做出具体而又明确的规定。

②资本保全原则　资本保全是责任有限的现代家庭农场制度的基础性原则之一，家庭农场在分配中不能侵蚀资本。利润的分配是对经营中资本增值额的分配，不是对资本金的返还。按照这一原则，一般情况下，家庭农场如果存在尚未弥补的亏损，应首先弥补亏损，再进行其他分配。

③充分保护债权人利益原则　债权人的利益按照风险承担的顺序及其合同契约的规定，家庭农场必须在利润分配之前偿清所有债权人到期的债务，否则不能进行利润分配。同时，在利润分配之后，家庭农场还应保持一定的偿债能力，以免产生财务危机，危及家庭农场生存。

④利益兼顾原则　利润分配的合理与否是利益机制最终能否持续发挥作用的关键。利润分配涉及投资者、经营者、职工等多方面的利益，家庭农场必须兼顾，并尽可能地保持稳定的利润分配。在家庭农场获得稳定增长的利润后，应增加利润分配的数额或百分比。同时在积累与消费关系的处理上，家庭农场应贯彻积累优先的原则，合理确定提取盈余公积金和分配给投资者利润的比例，使利润分配真正成为促进家庭农场发展的有效手段。

(2)利润分配的程序　利润分配程序是指公司制家庭农场根据适用法律、法规或规定，对家庭农场一定期间实现的净利润进行分配必须经过的先后步骤。

根据有关规定，家庭农场当年实现的利润总额应按国家有关税法的规定做相应的调整，然后依法交纳所得税。交纳所得税后的净利润按下列顺序进行分配。

①弥补以前年度的亏损　按照我国财务和税务制度的规定，家庭农场的年度亏损，可以由下一年度的税前利润弥补，下一年度税前利润尚不足弥补的，可以由以后年度的利润继续弥补，但用税前利润弥补以前年度亏损的连续期限不超过 5 年。5 年内弥补不足的，用本年税后利润弥补。本年净利润加上年初未分配利润为家庭农场可供分配的利润，只有可供分配的利润大于零时，家庭农场才能进行后续分配。

②提取法定盈余公积金　法定盈余公积金的提取比例为当年税后利润(弥补亏损后)的10%。当法定盈余公积金已达到注册资本的50%时可不再提取。法定盈余公积金可用于弥补亏损、扩大公司生产经营或转增资本，但公司用盈余公积金转增资本后，法定盈余公积金的余额不得低于转增前公司注册资本的25%。

③提取任意盈余公积金　公司从税后利润中提取法定公积金后，经股东会或者股东大会决议，还可以从税后利润中提取任意公积金。

④向投资者分配利润　公司弥补亏损和提取公积金后所余税后利润，可以向股东(投资者)分配股利(利润)，其中有限责任公司股东按照实缴的出资比例分取红利，全体股东约定不按照出资比例分取红利的除外；股份有限公司按照股东持有的股份比例分配，但股份有限公司章程规定不按持股比例分配的除外。

在公司弥补亏损和提取法定公积金之前向股东分配利润的，股东必须将违反规定分配的利润退还公司。

五、案例与知识链接

1.关于家庭农场金融服务问题的调研报告

据不完全统计,2012 年末,山东省有家庭农场 204 家,分布于 14 个地市、36 个县。为认真落实国家相关政策,提高对家庭农场金融服务水平,在全省选择 96 家家庭农场作为样本,对家庭农场金融服务问题进行了调研。样本农场分为种植业、畜禽饲养业和水域养殖业三类,其中种植业家庭农场 50 家,种植面积合计 27 662 亩,户均 553 亩,最大种植面积 5 030 亩,最小种植面积 12 亩;畜禽饲养业家庭农场 42 家,饲养数量合计 1 636 474 只(头),户均 38 963 只(头);水域养殖业家庭农场 4 家,养殖面积合计 10 560 亩,户均 2 640 亩,最大养殖面积 4 050 亩,最小养殖面积 60 亩。现将有关情况报告如下。

(1)家庭农场金融需求的主要特征

①家庭农场融资需求额度普遍较大　家庭农场经营规模大,所采取生产方式的资本密集度更高,资金需求额远大于普通农户。调查显示,96 家家庭农场合计融资需求 21 223 万元,户均 221.1 万元。如蓬莱某养猪场年出栏生猪 1 万余头,每次购进猪饲料都在 50 吨以上,自 2012 年以来每季度都要申请贷款,贷款额度至少 20 万元,多则 100 万元以上。在同等情况下,养殖业家庭农场资金需求额大于种植业,水域养殖业大于畜禽饲养业。本次调查的种植业家庭农场户均融资需求 104.6 万元,畜禽饲养业户均融资需求 293.3 万元,水域养殖业户均融资需求达到 918.3 万元。

②家庭农场融资期限多元化　相比农户主要以短期融资需求为主,家庭农场对融资期限的要求更加多元化,既有季节性较强的短期融资需求,也有较大规模的中长期融资需求。调查显示,短期融资主要用于购买种苗、饲料、肥料等生产资料,期限一般在 6～10 个月,具有明显季节性特征,以春秋为需求旺季。如荣成家庭农场主王善礼承包 3 000 亩海域养殖牡蛎和扇贝,每年春季投放苗种需要资金 2 000 万元以上。长期融资主要用于租用及整理土地、购置固定资产等长期投资,期限一般在 1～3 年。近两年是家庭农场初创及快速发展期,家庭农场扩大生产规模、进行长期投资的意愿较强。如菏泽市单县和晟种群有限公司从事种鸭孵化养殖,目前存栏 5 万只、占地 70 亩,目前准备扩建 200 亩种鸭孵化基地,需 2 年期左右的融资 500 万元。

③家庭农场所能承受利率水平总体较低　家庭农场从事种植养殖业,仍具有农业弱质产业的特点,经营利润总体较低。近年来,人工成本、农业生产资料价格较快上涨,农产品市场价格波动较大,加剧了家庭农场经营压力。据调查,在正常年景下,种植业家庭农场资产利润率在 8%～15%,畜禽饲养业家庭农场在 10%～15%,水域养殖业在 15%左右。同时,家庭农场面临较大的生产风险与市场风险,在年景差时可能亏损,难以承受较高的融资成本。

④家庭农场对农业保险具有较强的需求意愿　家庭农场经营项目易受天气、疫病、生态环境、自然灾害等不可控因素的影响,面临较大风险;且与农户相比,家庭农场投资周期更长,投资规模更大,通过农业保险分散化解风险的需求更为强烈。在调查的三类

家庭农场中，养殖业生产经营风险更高，对农业保险期盼更大。

(2)金融支持家庭农场的基本情况及主要问题

近年来，山东金融机构积极加大涉农信贷投放，相继推出农村土地承包经营权抵押、大型农用机械设备抵押、活禽畜抵押等信贷产品，加大对家庭农场支持力度。2013年2月末，96家家庭农场合计贷款14 907万元，户均贷款155.3万元，其中，种植业家庭农场户均贷款67.7万元、畜禽饲养业208.6万元、水域养殖业690.5万元。但目前金融机构缺乏专门面向家庭农场的信贷管理办法，对其发放贷款一般参照农户贷款的做法，主要发放小额农户贷款、联保互保贷款。由于家庭农场与农户金融需求存在较大差异，对家庭农场参照农户贷款管理必然导致其部分金融需求难以满足。

①贷款额度不能完全适应家庭农场大额资金需求　目前，金融机构对农户贷款实行单户限额管理，如德州市农信社对种植养殖农户的单户最高贷款限额为150万元；济宁市农业银行对农户小额贷款最高5万元；莱芜市某农信社对规模30亩左右的家庭农场授信额度控制在5万元之内，对规模100亩左右的授信额度控制在10万元之内，300亩以上的控制在20万元之内。许多家庭农场在银行贷款之外寻求民间融资，如烟台市8户家庭农场有6户采取“自筹资金＋银行贷款＋民间借贷”的融资方式。调查显示，96家家庭农场资金满足度为70％，其中种植业、畜禽饲养业、水域养殖业分别为64.7％、71.1％和75.2％。

②贷款期限难以满足家庭农场中长期融资需求　目前，金融机构对农户主要发放1年及以内的短期贷款。2012年末，山东农户贷款余额3 195.7亿元，其中1年及以内的短期贷款2 628.5亿元，占比82.3％。部分家庭农场“短贷长用”，在资金周转不畅时易出现资金拖欠问题。

③家庭农场融资成本普遍较高　如德州市农村信用社对种植、养殖大户贷款利率在10％～11％，临沂市农信社对农户贷款执行基准利率上浮120％，对涉农企业贷款上浮100％，明显高于同等经营规模的企业贷款利率。

④农业保险品种单一且产品设计不够合理　由于农业生产经营风险大，保险赔付率高，商业保险公司开展农业保险的积极性较低，导致农业保险险种较少。如目前种植业险种主要是小麦、玉米、棉花三大作物，养猪业仅有母猪险，养鸭则没有任何保险。部分保险产品设计不合理，化解风险作用较小。如能繁母猪死亡保险额为1 000元，而能繁母猪达到繁育能力的成本在4 000元以上，保险赔付仅起到少量补偿作用，尚不如在死亡前宰杀得到的收入多。

④家庭农场缺乏有效抵押担保资产　家庭农场所拥有土地为农村耕地，只有与政府签订的长期租赁合同，没有土地证，房屋也无房产证，不能作为抵押物。农村缺乏相应的产权评估机构和产权交易市场，影响抵质押资产的价值评估和处置效率。由于缺乏有效担保抵押物，许多家庭农场主要依靠联户联保获得贷款，不仅融资规模偏小，且协调成本高。如潍坊安丘蒜黄种植大户张红臣为获得贷款，与26户村民通过互保形式组成信用联盟。

(3)改进家庭农场金融服务的思考

①推动家庭农场成为独立的承贷主体　政府有关部门应研究出台家庭农场注册或认定的相关制度规定，明确家庭农场的法律地位、认定标准、设立登记等相关内容，使家

庭农场成为独立的承贷主体。金融部门应制定专门面向家庭农场的信贷管理办法,规定家庭农场可获得的贷款额度和贷款期限;应对家庭农场贷款合理定价,在有效覆盖风险和成本的前提下适度降低家庭农场融资成本。

②创新家庭农场金融产品　金融部门应创新家庭农场担保抵押方式和融资方式,如对农机专业户开办农机具抵押;对产业化程度高的家庭农场开展供应链金融,创新农业订单融资;对资信状况良好的家庭农场发放信用贷款,等等。土地是家庭农场的重要资产,强化家庭农场金融支持需要大力发展土地金融。为此,应突破土地融资的法律障碍,修改相关法律,允许农村集体土地使用权或承包经营权进行抵押融资。政府部门应加快农村土地产权确认登记,建立完善农地交易流转市场,发展农村土地产权价值评估机构,为土地金融创新创造条件。

③构建政策性和商业性相结合的农业保险体系　政府部门应通过税收减免、财政贴补等措施,鼓励商业性保险公司扩大农业保险覆盖面,创新农业保险险种,加大农业保险理赔力度。应设立政策性农业保险公司,在商业保险不愿介入的领域提供政策性保险服务。

④构建金融支持家庭农场的政策扶持体系　应充分发挥财政资金对信贷资金流向的杠杆引导作用,对支持家庭农场力度较大的金融机构实施税收减免、财政奖补等扶持政策,激发金融支持的积极性。有条件的地方应由财政出资设立家庭农场专项发展资金,并广泛吸纳社会资金,用于家庭农场贷款担保、还贷周转。建议总行研究制定扶持家庭农场的信贷政策,组织开展针对家庭农场的信用评定,鼓励金融机构强化家庭农场的金融支持。

2. 让家庭农场融资不再难

自2013年中央一号文件首次提出"家庭农场"后,各地都在加快推进家庭农场等新型农业经营主体的发展,一时兴起了成立家庭农场的热潮。然而,目前不少人的家庭农场梦想还无法实现,资金不足成为家庭农场发展的最大制约,融资难、融资成本高、融资风险大是目前家庭农场融资现状的真实写照。

许多家庭农场在成立之初,其资金主要来源于农场主的原始积累和亲戚朋友的出资,对贷款需求不是太大,但随着流转土地和经营规模的扩大及农业机械化程度的提高和产业链条的延伸,其对贷款的需求不断增加,有的甚至产生了上千万元的贷款需求,可是他们普遍都遭遇"融资难"问题。

为什么家庭农场融资难呢?主要还是由于农业的先天劣势,有效抵押资产不足,抗风险能力较弱,加之当前的农村金融风险转移和补偿机制不健全。作为新型农业经营主体类型的家庭农场,其经营规模、产业纵深程度、法人地位与传统家庭农户具有较大的差异,其金融需求向更加多元化、多层次方向发展。而目前金融机构尚未专门面向家庭农场来制定信贷管理办法,从贷款规模看,主要发放小额农户贷款、联保互保贷款,可贷资金非常有限。同时,担保体系不健全、担保成本过高、互保联保风险敏感等问题,使新型农业主体被拒之于担保融资的大门之外,客观上制约了家庭农场的融资积极性。

近日,江苏省泰州市财政局、市委农工办、市农委、市人行联合出台《关于支持新型农业经营主体融资改革试点的实施意见》，对在本市范围内经营一年以上、投保相应农业保险的经工商登记和农经部门认定管理的家庭农场和种养大户，设定不超过100万元授信额度，并对借款基准利息和担保费进行财政补贴，这无疑是解决家庭农场发展融资难题的一次有益尝试。事实上，虽然近年各地对农业融资抵押和担保问题进行了许多有益探索，但都只能停留在小范围试点和个别产品的推行上，未能真正从面上予以破解。

因此，当下各地要对农业融资抵押和担保问题进行广泛调研，尽快构建金融支持家庭农场的政策扶持体系，创新金融产品和服务方式，创新农业信贷风险保障机制和完善农业保险制度，提高金融机构对家庭农场的认可度，从而有效破解家庭农场融资难。各级政府和相关部门需要协调统一、形成合力，制定和出台促进家庭农场发展的各项具体政策措施，以保障家庭农场规范、健康、持续发展。

此外，还要加大对农业新型经营主体的金融知识培训，以及权证转让交易市场等配套措施的逐步完善，从而建立起完整的服务农村新型经营主体的金融体系。

任务五　家庭农场的农业文化

一、重视家庭农场的核心价值

家庭农场从制度属性上较接近于农业企业。因为相对于普通农户，家庭农场更加注重农业标准化生产、经营和管理，重视农产品认证和品牌营销理念。在市场化条件下，为了降低风险和提高农产品的市场竞争力，家庭农场更注重搜集市场供求信息，采用新技术和新设备，生产高附加值农产品。

（一）家庭农场的核心价值概述

这里所说的“核心价值”，主要指家庭农场在市场上的价值以及农业发展中的特殊地位。家庭农场的特点在于进行农业生产的主体大多是农民（或其他长期从事农业生产的人）。因此，家庭农场承载着推动农业现代化进程的重任，有利于在家庭农场中从事生产劳动的农民致富。

分散的小规模农户在市场中常常没有长期经营的品牌和资产，更容易出现“机会主义”行为。比如，个别农户为了节约生产成本，增加农产品的产量，在生产过程中使用一些剧毒、高残留的农药和化肥，而导致食品安全问题；在农产品售卖的过程中，以次充好、包装上缺斤短两等诸如此类的问题；在与一些农业销售公司或者龙头企业签订合同时，有可能做出了承诺，实际上却不履行合同；享受了合同公司的种子、化肥、农药供应等优惠措施以后，却并不尽心尽力地搞好栽培和田间管理。

(二)建立农场核心价值的方式

1. 商品化、标准化生产

小规模农户的生产及经营规模小、专业化、商品化、标准化水平低，是典型的自给自足的生产经营组织，充其量也只是小商品生产者。其生产经营的目的主要是为了自给自足，而不是为了商品交换。可以说是适应于自然经济要求的个体生产者，很难适应现代市场经济的要求，更谈不上在市场经济条件下拥有市场竞争力。

家庭农场随着市场经济的发展而发展，是市场经济发展的产物并以市场经济体制为环境条件，以追求利润最大化为目标，同小规模农户生产经营的目的恰好相反，不是为了自给自足，而是为了商品出售。它不仅是名副其实的农产品生产者，更是名副其实的农产品经营者，属于适应市场经济要求的现代企业组织范畴，尤其是大规模家庭农场，其现代企业特性更加明显。因此，家庭农场不但要扩大生产经营规模，而且要按照较高的专业化、规模化、标准化水平生产。

在商品化生产的基础上，家庭农场要追求将现代生产要素融入农场的经营。小规模农户基本上以家庭成员为劳动力，只短期的、少量的、偶尔的雇工，且大都没有诸如合同等的契约关系。其生产经营规模一般较小，对传统生产要素如劳动力、资金、土地使用上趋于凝固化。家庭农场在利润最大化的驱动下，对于新技术、新产品、新管理等外界信息反应比较敏感，会不断追求生产要素的优化配置和更新，并以现代机械设备、先进技术、现代经营管理方式等具有规模特性的现代生产要素引入为手段来不断扩大生产经营规模，提高市场竞争力。

2. 明确市场定位

每一家家庭农场都有自己的特色，但并非所有的特色都可以成为农场的定位，进而成为利润的来源。

作为家庭农场主，必须决定在什么地方能够创造出差异点，并且这种差异点可以被消费者认识到并且愿意消费。有的农场采取了传统的生产方式让城里人感觉“返璞归真”，回归真正的田园生活；有的农场采取了现代化的生产设施而让消费者感受到安全、标准化的“现代农业”；也有的农场定位在专一而大规模的农作物生产，用价格和质量征服市场；有的农场采取了多元生产结构，“东方不亮西方亮”，规避农业风险。只要定位准确，并且有足量的消费者，这样的定位就是有利可图的，也可以说，家庭农场主找到了农场的市场价值。

明确市场定位后，就要设计出一系列的措施，包括产品策略、价格策略、渠道策略和促销策略去实现其定位。实施这些策略时，要注意尽力去迎合目标消费者的心理认知。消费者的心理活动是复杂而多变的，所以要仔细揣摩消费者的购买和使用心理。品牌管理，在某种程度上就是管理消费者的心理感受。比如，一家割草机公司声称，其产品“动力很大”，故意采取了一款噪声很大的发动机，原因是消费者总以为声音大的割草机动力强劲；一家拖拉机制造商给自己生产的拖拉机的底盘也涂上油漆，这并非必要，原因是消费者会认为这说明厂商对质量要求精益求精；有的农场生产绿色产品，并采取了环保并可回收利用的包装材料，让消费者感受到农场所呈现出的环保理念是全方位的。

3. 家庭农场要进行品牌化经营

长期以来，我国农民普遍存在“重种植，轻市场”的思想，品牌意识不强。虽然有质量好、品种优的农副产品，但由于市场知名度和竞争力低，或是“养在深闺无人识”，或是卖不出好价，或是“增产不增收”，导致经济效益不佳，挫伤了农民的积极性。如今，随着家庭农场的建立，农场主们无疑要取得市场的认可，农产品市场的出路到底在哪里？质量当然是第一，但是在同等质量的基础上，建立市场品牌是非常必要的。

只有建立了品牌，有了名称和标识，才能让消费者在万千产品中识别出来，从而打造精品农产品，增加农产品的附加价值及农民的收入。著名品牌策略大师艾·里斯说：“实际上被灌输到顾客心目中的根本不是产品，而只是产品名称，它成了潜在顾客亲近产品的挂钩。”在激烈的市场竞争中，任何产品都需要注重品牌效应，农副产品也不例外。农场注册了商标，并非意味着开始了品牌化经营。未来的营销是品牌的战争——品牌互争长短的竞争。拥有市场将会比拥有工厂更重要，拥有市场的最好办法是拥有占市场主导地位的品牌。但是，现在很多农产品的营销问题在于，农产品生产缺乏质量和技术要求，消费者只注意蔬菜、水果等产品的新鲜度，很少去对品牌有特殊的注意。不少人认为，只有进入工厂经过生产工艺加工后的产品才是真正的“商品”，而在田间地头的产品就没有那么多的要求。还有很多生产者对提高产品品质根本无严格意义上的实质性的举措。生产方式仍然沿袭以往的散户经营，化肥、农药的使用仍无标准，产品上市也没有什么包装。这类品牌且不说是否符合健康环保标准，单从外表就让人无法识别，只能凭商贩口里的大声吆喝，不要说走出国门赚取外汇，就是在国内，这类产品的市场前景也让人担忧。

二、建立家庭农场的农业文化

农业文化是在农业生产实践活动中所创造出来的、与农业有关的物质文化和精神文化的总和。中国几千年的农业文明，以及在此基础上形成的一整套农业文化体系，是中华文明史的重要组成部分。

（一）农业文化的内涵

1. 农业习俗的存续

春种（图 3-7）、夏锄、秋收、冬藏以及二十四节气不仅是岁月交替农业生产的节奏，而且是农耕文化的周期。在传统农业社会，乡村的土地制度等、水利制度、集镇制度、祭祀制度等，都是依据这一周期创立的，并已成为民众自觉遵循的生活模式。民间素有“不懂二十四节气，白把种子种下地”的说法。我国北方农村的“打春阳气转，雨水沿河边”“清明忙种麦，谷雨种大田”“清明麻，谷雨花，立夏点豆种芝麻”等，就是“顺应天地”的形象表达。这些至今仍广为流传的农谚俗语，具有鲜明的地域特点和乡土本色的农业信仰和形式。大家所熟知的春节、端午节、中秋节等民俗饮食也是农业民俗文化的重要内容。

2. 农业文化的实体呈现

我国的农业文化的实体内容十分丰富，既包括农作物品种、农业生产工具，也包括农业文学艺术作品、农业自然生态景观等一切与农业生产相关的物质实体文化，不少历史学家发现农具的改进是社会进步和生产力水平提高的标志。但是随着机械化、工业化和现代化进程的发展，那些代表一个时代、一个地域农业发展最高水平的传统农具，正在被抽水机、除草

图 3-7　春种

剂、收割机、打谷机、挤奶机等取代。作为传统农耕生活方式的历史记录，水车、风车、舂臼、桔槔、石磨等工具几近“绝种”(图 3-8)。

图 3-8　农耕器具展示(耧车、犁耙、扁担、镰刀、簸箕、锄头、铁耙)

3. 农业哲学理念、价值体系、道德观念

传统中国是一个以农业生产为经济基础的乡土社会，也是熟人社会，人们聚族而居，生于斯、死于斯，彼此之间都很熟悉。这样的环境孕育出了诚实守信、尊老爱幼、长幼有序、守望相助、互帮互助和热爱家乡等优良传统。这些优秀的传统美德不仅对农民的生活和发展而言是重要的，而且也是全体社会成员幸福的必要条件；这些优秀的传统美德不仅在传统农业社会是必需的，在现代和谐社会的构建中也是不可缺少的；这些优秀的传统美德不仅是社会秩序稳定的基础，也是中华民族进步不竭的精神动力和源泉。

(二)建立农业文化的途径

1. 发展参与式农业

家庭农场可以把农业文化的保护传承与增加收入和改善生活联系在一起。家庭农场首先引导向农业的深度发展，这其中包括了提高产品质量，如发展有机农业、农产品的深加工、改变销售方式、形成特色品牌等。家庭农场可以向农业的广度发展，这个广度是充分利用社区的自然资源、农业资源、文化资源、扩展农业的服务领域，其中典型的发展途径就是利用地理、生物和文化的多样性来发展乡村旅游。

2.发展社区农业

社区农业是近些年农业社会学者提出的一个农业发展和农业保护的新概念。社区农业是指依据农业与农村的多功能原理，充分利用社区资源形成的综合性农业。

家庭农场因为拥有当地农业资源，如果能够挖掘传统农业资源，如种质资源、传统农具、传统技术、乡土知识、生活场景等，通过对农业的生物多样性和文化多样性的挖掘，比如，在家庭农场中种植和收获中，民俗、节日庆典等文化形式体现乡土文化，就可以吸引周围社区的消费者参与其中。农场还利用独特的资源、文化传统，发掘社区资源的价值，重新整合利用田园景观、农村风貌、自然生态环境；农业生产工具、农业劳动方式、农业技术、循环利用、乡土知识、农家生活、风俗习惯、民间信仰资源，如沿海地区的"渔村"、东北地区的"猎民村"、城市郊区的"豆腐村"，可以把饮食与饮食文化、传统食品加工制作工艺、食品加工工具、当地民俗与生活方式等有机融合在一起。发挥农业文化的价值，并使其得到有效利用，使农业文化得以保护传承。

三、案例与知识链接

1.布鲁克林农庄——世界最大的体验式都市农业

体验式业态包括儿童职业体验、乡村生活体验、野外生存体验、安全教育体验等，其中屋顶农场是乡村生活体验项目的一种。在美国纽约市中心，热衷绿色环保的年轻人开辟了一个有机农场——布鲁克林农庄。

纽约市近年来兴起空中农场风潮，可谓如雨后春笋。布鲁克林农庄就是有代表性的一个。布鲁克林农庄是一座占地超过1万平方米，号称全世界最大的屋顶土培农场，这里遵循有机生产方式，种植多种蔬果、饲养蛋鸡、养殖蜜蜂，产品在当地农夫市集售卖，也供应CSA(社区支持农业)会员和几家餐厅所需。

农场位于纽约市的两座不同建筑的楼顶，总面积约1公顷，每年生产大约22.7吨以有机方式生产的食物。布鲁克林农庄于2010年5月开始创立。团队的最初愿望就是利用闲置的屋顶空间，创建一个能够营利的都市农业的范本，并且为本地社区生产出健康、美味的蔬菜，同时还发挥生态效益。多孔石被粉碎后加入种植所需的微量无机物，使植物能够生长到健康和成熟的状态。有机土壤的使用意味着布鲁克林农场生产的每一样产品都是可持续和高营养价值的。另外，他们是纽约市市区内最大的蜜蜂养殖机构，拥有30个蜂箱。除了自己生产农产品，布鲁克林农庄也为来自世界各地的个人和组织提供有关都市农业和屋顶绿化的咨询服务及安装服务。并且，他们还和纽约的众多非营利组织合作，开展活动，致力于建立更健康、更稳固的本地社区。鲁克林农庄总是繁忙的，白天，他们可能和农场培训计划的学员们一起收获蔬菜，或者接待来访者；晚上，农场上可能有浪漫的晚宴，婚礼或者是电影放映会。

堆肥是布鲁克林农庄的重要组成部分之一。他们从当地的个人及餐厅收集厨余垃圾，并且也收集来自当地企业的废弃木片和锯末。自从2010年创办开始，农场已经回收了几百吨的废弃物，将其转化成肥料。不论如何，农场依然是这家公司的核心。公司创办人相信，这座城市能变得更可持续，这里的空气可以更清爽、水可以更干净；占垃圾填埋场14%的厨余垃圾可以被转化为全城都能适用的有机肥料。

布鲁克林农庄是商业化的都市农场，农场成了基于城市的、有活力的、可持续的商业机构，并且给都市农民提供了体面收入和可依赖的生计。

2. 农业农村部公布26个家庭农场典型案例

农业农村部2019年公布了26个家庭农场典型案例，提供给各有关单位、家庭农场经营者学习借鉴共性经验。

文件中提到，党的十八大以来，在中央及各地一系列扶持政策的支持下，我国家庭农场发展取得了初步成效。截至2018年，全国纳入农业农村部门名录的家庭农场近60万家。这些家庭农场在保障重要农产品有效供给、提高农业综合效益、促进现代农业发展等方面发挥了重要作用。

为促进全国家庭农场高质量发展，农业农村部在全国范围内征集了26个家庭农场典型案例，分别来自东、中、西部各个省份，涵盖了种养加多个产业，既有个性特点，又有共性经验，具有贴近小农户的特点，符合规模适度、生产集约、管理先进、效益明显的要求，值得各有关单位、家庭农场经营者在实践中参考借鉴。农业农村部列出了全国家庭农场典型案例的共性经验：

一是围绕市场需求开展生产经营。这些家庭农场立足当地特色和市场需求，通过采集和运用市场信息，有针对性地开展生产经营活动，实现生产与大市场的有效对接。河南王飞家庭农场依托靠近城区、采摘体验需求大的优势，通过搭配果树大棚、露地种养、生态育苗等多种生产模式，形成了以生态休闲农业为主的综合农场。

二是因地制宜实现最佳规模效益。这些家庭农场的经营规模与当地的资源条件、农业行业特征和农产品品种特点相适应、与经营者的能力水平相适应。同时，最佳经营规模也不是一成不变，而会随着市场条件以及经营管理水平等因素的变化而变化，在一定范围内，家庭农场是可以自主动态调整的。甘肃顺天家庭农场不断根据经济效益调整经营规模，经营土地面积有大有小，灵活变化。

三是注重现代农业科技运用。这些家庭农场既能较好传承传统精细农艺，又持续不断地引进现代农业科技，推广应用了与家庭经营相适应的实用技术。河北国奇农兴家庭农场与河北农大、河北农科院建立长期合作关系，定期聘请专家到农场进行生产经营指导。

四是走绿色发展之路。这些家庭农场十分重视农业绿色发展，普遍采用了生态绿色友好型技术，有的实施保护性耕作等保护地力和生态措施。安徽稼农家庭农场始终秉持种地与养地相结合的绿色种植理念，每年都要在不同的地块取土，送土肥站检测，并采取稻肥三年循环轮作的方式养地保地。

五是生产管理制度比较健全。这些家庭农场生产经营规范，注重农产品质量安全，在内部管理上优势明显。湖南孔蒲中家庭农场将质量意识贯穿于生产各个环节,按照绿色食品生产标准制定了严格的质量管理制度和生产操作规程。

六是加强与其他新型农业经营主体和服务主体联合合作。这些家庭农场普遍与农民合作社、社会化服务组织、龙头企业等其他主体构成了紧密的利益共同体,有效带动了普通农户。上海李春风家庭农场与本村 4 户家庭农场建立农机互助小组,为本村 1 500 余亩土地提供农机服务;牵头创办了合作社,还与松江本地农业龙头企业签约,以高于市场收购价销售优质稻谷。

七是重视一二三产业融合发展。这些家庭农场普遍注重又充分发挥农业多功能性,努力实现一二三产业融合发展,不断创造和增加农业多元效益。重庆昌元家庭农场购置了大米加工设备,开展稻米加工销售,亩均收益明显提高。

八是发挥服务带动普通农户作用。这些家庭农场在自身得到快速发展的同时,积极服务和带动当地农户。青海宝丰家庭农场采取"家庭农场+普通农户"模式,带动周边 40 多户农户从事蚕豆生产,增加收入。

农业农村部指出,广大家庭农场要向典型榜样看齐,坚持以市场需求为导向,根据本地资源与特色,不断优化种养结构,采用现代科技,坚持绿色生产,拓宽产品销售渠道,推动一二三产业融合发展,健全生产管理制度,注重与其他新型农业经营主体融合发展,发挥对普通农户的服务带动作用,逐步实现农场经营规模适度化、管理规范化、生产标准化、经营市场化,为现代农业发展做出更大贡献。

农业农村部要求,各地农业农村部门要遵循家庭农场发展规律,充分发挥市场在推动家庭农场发展中的决定性作用;坚持农户主体,把符合条件的种养大户、专业大户纳入家庭农场范围;坚持规模适度,引导家庭农场根据产业特点和自身经营管理能力,实现最佳规模效益;加强政府对家庭农场的引导和支持,完善登记和名录管理制度,建立健全政策支持体系,加强组织领导,防止"垒大户";坚持因地制宜,不搞一刀切;坚持示范引领,树立一批家庭农场发展范例,形成家庭农场典型案例库,发挥典型示范作用,促进家庭农场高质量发展。

3. CSA 模式及其发展史

CSA 是英文 community supported agriculture 的缩写,对应的中文为社区支持农业。

CSA 农业模式 20 世纪 60 年代发源于瑞士和日本,80 年代传入美国。何为 CSA 农业模式,也就是何为社区支持农业?这种模式是建立在相互信任的基础上的一种农业产品的生产和消费的良性双向互动。

当时的消费者为了寻找安全的食物,与那些希望建立稳定客源的农民携手合作,建立经济合作关系。现在,CSA 的理念已经在世界范围内得到传播,它也从最初的共同购买、合作经济延伸出更多的内涵。从字义上看,社区支持农业指社区的每个人对农场运作做出承诺,让农场可以在法律上和精神上,成为该社区的农场,让农民与消费者互相支持以及承担粮食生产的风险和分享利益。CSA 的概念是不要中间商来操纵当地的食品经济。它可以恢复农民和消费者之间的友好关系。CSA 的重要原则是农民在具有生态安全的农业系统中生产能带来健康的食物，消费者也是“股东”，也要承担生产耕作的风险，比如可能遇到自然灾害等。

1965 年在日本，一群家庭主妇开始关心农药对于食物的污染，加工和进口食品越来越多，而相应的，本地农产品越来越少。于是，她们就与有机食品的生产者达成了一个供需协议。这就是被叫作 Teikei 的制度，Teikei 是有共识或一起合作的意思。这一理念后来传播到北美和欧洲，并逐渐发展成为 CSA。CSA 背后所蕴含的理念是建立起本地的食品经济体系并创造一个环境，在这个环境下，农民和消费者一起工作来实现食品保障和经济、社会与自然环境的可持续性。CSA 没有一个特定的模式。每个社区都有各自不同的因素和条件，因此也形成了各自不同的模式。通常，CSA 是由一群消费者发起的，这些消费者一般都关心自己的食品、健康和环境。他们承诺支持一个或一群农民生产有益健康的食品，食品的价格应该使农民能够持续地经营自己的农场。农民对于生产会做一个计划和预算。所有的成本会分摊到每一个“股东”(消费者)身上。每个“股东”可以投入现金，也可以投入劳力——参与农场的劳动。而产品，不管有多少，都会分给每一个“股东”。

消费者中对于健康和环境越来越多的关注是 CSA 发展的一个支持因素。CSA 能够运作起来的一些其他条件还包括：①在同一个社区的消费者有着共同关心的问题，因此他们必然会自己组织起来形成一个消费者的社区。②消费者需要了解由市场机制引起的农民的问题和社会问题。消费者有着相同的生活方式，他们可以在一起彼此分享农产品，很好地理解可持续农业或有机农业。CSA 使农民和消费者走到一起，他们相互之间可以交换意见并在一起构想不同于以往的解决之道，使环境、本地的食品经济和社区具有可持续性。

新中国成立以来，粮食产量不断提高，但是各种农产品上残留的农药化肥等问题已经引起人们广泛的关注，人们迫切需求安全的农产品。近几年，CSA 的概念被引进到国内，一些热心从事 CSA 事业的人建立起有机农场，但是 CSA 要在国内得到全面的发展不仅需要从事有机事业的这些热心人士和农场，还需要有此共识的社区和促进发展有机生活理念的公益组织、志愿者。CSA 在国内的发展还是初步阶段，要有更大的发展还需要各方面不断的努力。面对食品安全问题，在中国相当长的一个时期内都很难有效解决，CSA 农业模式给这些问题提供了一个可能的解决途径。

4. 国际有机农业运动联盟

发展有机农业，除了考虑食品安全、经济利益外，还应兼顾其他相应的原则。国际有机农业运动联盟(英文简称 IFOAM)的使命是全方位的领导、组织和推动有机农业运动，确保有机农业的可靠性和长效性。为了在全球实现这一目标，IFOAM 确立了发展有机农业的“健康原则、生态原则、公平原则和关爱原则”四大原则。实践证明，这些原则在全世界范围都能被接受。

5. 以农民合作社为载体打造田园综合体

2017 年中央一号文件指出，支持有条件的乡村建设以农民合作社为主要载体、让农民充分参与和受益，集循环农业、创意农业、农事体验于一体的田园综合体，通过农业综合开发、农村综合改革转移支付等渠道开展试点示范。田园综合体是一个新的提法，是对各地农民合作社多样性、创造性实践的高度概括。具体说来，主要有三大特征。

第一，田园综合体不是像产业园、科技园那样的一个园区，而是一个较大的区域，也可能是一个流域，可能跨越行政区划，因此，依靠行政系统组织起来难度比较大，最方便的就是依靠合作社这样的民间组织，既具有行业管理的特征和职能，又是一个具有法人地位的经济组织，在一个较大的范围内还可以组建联合社。在这样的框架下，既能够发挥农户分散经营的优势，又能够发挥合作社或联合社统一经营的优势。综合体内的合作社或者联合社应按照《中华人民共和国农民专业合作社法》要求建立并运行的。按照上述框架，田园综合体必然以农民为经营主体，最终实现农民受益的目标。

第二，田园综合体内一二三产业全面发展，并能够很好地融合在一起。综合体内产业齐全，尤其是第一产业，能够实现农牧有机结合，综合利用各种废弃物，形成循环利用系统，对环境无污染。不仅如此，种植业、畜牧业、林业、渔业等产业的有机结合还会形成综合景观，一年三季（北方）甚至四季（南方）都有可供观赏的景色。由此可以吸引城乡旅游者前来旅游、观赏、体验。第二产业不以发达的精深加工为特征，而是以方便旅游者消费、携带为目的，经过加工，使农产品多样化、多功能化、更具观赏价值。第三产业主要是为旅游者服务的餐饮、住宿、交通、旅游产品销售等，和第一产业结合后还可能产生出体验、文化、教育等产业，满足更高层次的旅游需要。在综合体内，一二三产业的融合，要在凸显美学价值的基础上体现经济价值，这就要有创意性，也可以称其为创意农业。

第三，高技术应用，起到示范带动作用。综合体内第一产业的循环利用、一二三产业融合发展，都要运用当下最新的科学技术成果。比如，第一产业的品种、产品品质及其内部的循环系统，第二产业的加工水平，第三产业对新兴的电商、微信等技术的运用等，都要体现新技术、新业态及其发展趋势。因此，田园综合体也是新技术、新业态的展示窗口，要有新技术、新业态的展示和推广功能，对非综合体的产业发展起到示范带动作用。

总之，田园综合体是高标准的一二三产业融合发展的载体，也可以说是2015年中央一号文件提出的一二三产业融合发展的升级版，一要鼓励农民创新创业，尤其是青年农民工返乡创业，领办农民合作社。合作社是发展田园综合体的主体；二是创新田园综合体的政策支持系统，包括一二三产业融合发展的政策支持系统，目前的政策体系主要是支持某一个产业；三是按照中央文件的要求，切实解决农村新产业新业态的用地问题；四是财政和金融支持，通过政策使金融机构给予田园综合体之类的新业态以贷款便利，财政支持最好以贷款贴息的方式，既能够解决经营主体的资金难题，又能够提高财政资金的使用效率。

参 考 文 献

[1]衣明圣，张正一，宋述元．家庭农场经营管理[M]．北京：中国林业出版社，2016．

[2]李明慧，周承波．家庭农场经营管理[M]．北京：中国农业科学技术出版社，2015．

[3]农业部农村经济体制与经营管理司．家庭农场政策和案例汇编[M]．北京：中国农业出版社，2019．

[4]马俊哲．家庭农场生产经营管理[M]．北京：中国农业大学出版社，2015．

[5]曾令祥．国家近期有望出台多项政策措施扶持家庭农场发展[J]．畜禽业，2013(03)：02．

[6]高强，刘同山，孔祥智．家庭农场的制度解析特征、发生机制与效应[J]．经济学家，2013(06)：48-56．

[7]黄新建，姜睿清，付传明．以家庭农场为主体的土地适度规模经营研究[J]．求实，2013(06)：94-96．

[8]高双平．家庭农场适度规模经营的研究综述[J]．中国市场，2016(43)：200-202．

[9]李丹．我国家庭农场发展现状、问题及对策研究[D]．福州：福建农林大学，2017．

[10]王贻术．我国家庭农场发展研究[D]．福州：福建师范大学，2015．

[11]汤文华，段艳丰，梁志民．一种新型农业经营主体家庭农场——基于新制度经济学的分析视角[J]．江西农业大学学报(社会科学版)，2013(02)：186-190．

[12]郭家栋．中国家庭农场发展研究[D]．上海：上海社会科学院，2017．